Descobrindo o caminho
de Deus nas provações
Elizabeth George

Da autora de
Uma mulher segundo
o coração de Deus

© 2007 by Elizabeth George
Published by Harvest House Publishers
Eugene, Oregon 97402
www.harvesthousepublishers.com
© 2009 by Editora Hagnos Ltda

Tradução
Neyd Siqueira

Revisão
Norma Braga
João Guimarães

Capa
Maquinaria Studio

Diagramação
Sandra Oliveira

Editor
Juan Carlos Martinez

1ª edição - Novembro - 2009
Reimpressão - Fevereiro - 2014
Reimpressão - Abril - 2015

Coordenador de produção
Mauro W. Terrengui

Impressão e acabamento
Imprensa da fé

Todos os direitos desta edição reservados para:
Editora Hagnos
Av. Jacinto Júlio, 27
04815-160 - São Paulo - SP - Tel. Fax: (11) 5668-5668
hagnos@hagnos.com.br - www.hagnos.com.br

Dados Internacionais de Catalogação na Publicação (CIP)
(Câmara Brasileira do Livro, SP, Brasil)

George, Elizabeth
Descobrindo o caminho de Deus nas provações: a ajuda divina em cada dificuldade que enfrentamos / Elizabeth George; [tradução Neyd Siqueira] -- São Paulo: Hagnos, 2009.

Título original: Finding God's path through your trials.

ISBN 978-85-243-0402-6

1. Consolação - Ensino bíblico 2. Mulheres cristãs - Vida religiosa 3. Sofrimento - Ensino bíblico I. Título.

09-09565   CDD-248.86

Índices para catálogo sistemático:
1. Dificuldades da vida: Guias de vida cristã 248.86

Editora associada à:

Agradecimentos

❧

Como sempre, agradeço a meu caro marido, Jim George, M. Div., Th. M., por sua ajuda, sua orientação, suas sugestões e seu encorajamento carinhoso neste projeto.

Gostaria também de fazer um agradecimento especial aos seguintes membros da equipe da Harvest House por seu apoio e trabalho: LaRae Wekert, diretor-gerente editorial; Steve Miller, editor sênior, e Barbara Gordon, revisora. São amigos queridos e colaboradores na maioria de meus projetos.

Quero igualmente agradecer a toda a equipe da Harvest House Publishers, a começar pelo presidente, Bob Hawkins Jr., incluindo o pessoal das áreas de administração, editorial, *marketing*, vendas, preenchimento de pedidos, produção, *design* e *layout*, distribuição, finanças, tecnologias de informação e recursos humanos, pelo apoio e ajuda em compartilhar a Palavra e a sabedoria de Deus. Aprecio suas contribuições para com meus livros e ministério.

Sumário

Uma palavra sobre tribulações   7

Parte 1 — Tornando-se uma mulher alegre

1. Aceitando a verdade   11
2. Usando um método fácil de escolha   23
3. Avaliando o que está acontecendo   37
4. Antevendo golpes, obstáculos e problemas sem solução   49

Parte 2 — Tornando-se uma mulher equilibrada

5. Procurando bênçãos   63
6. Mudando a sua perspectiva   75
7. Fortalecendo a sua resistência   89
8. Acompanhando os gigantes da fé   105

Parte 3 — Tornando-se uma mulher madura

9. A caminho da grandeza   121
10. Tomando decisões que levam à grandeza   135
11. Lidando com os obstáculos   149
12. Experimentando o poder e a perfeição de Deus   161

Parte 4 — Tornando-se uma mulher poderosa

13. Encontrando forças na graça de Deus	177
14. Apoiando-se no poder de Deus	189
15. Beneficiando-se do poder de Deus	203
16. Tornando-se uma obra de arte	215

Parte 5 — Tornando-se uma mulher paciente

17. Suportando períodos difíceis	231
18. Não há nada de novo sob o sol	245
19. Confiando na fidelidade de Deus	261
20. Triunfando sobre a tentação	273

Uma palavra final

21. Ganhando algo grandioso	289
Notas	299

Uma palavra sobre tribulações

A saúde de uma filha e um exame do cérebro.

Um soldado pronto para entrar em combate.

Um casal com um filho passando por problemas.

Uma filha suicida.

Um pai agonizante.

Falta de autocontrole, vícios.

Quer gostemos ou não, as provações e tribulações fazem parte de nosso cotidiano. Lembro-me de quando, ainda nova convertida, deparei-me com João 16.33 ao estudar o Novo Testamento. Ali Jesus afirma ousadamente aos discípulos: "No mundo, *passais* por aflições". Nessa época, eu acreditava que tudo iria melhorar, que ser cristã me proporcionaria uma vida livre de problemas um dia. No entanto, a verdade é que todos *iremos* sofrer. Vivemos em um mundo pecador e decaído, com corpos em deterioração, relacionamentos que exigem cuidado, tentações surgindo por toda parte e a perseguição implacável dos crentes por causa do testemunho por Cristo.

Ao ler este livro, você encontrará sabedoria tirada da Bíblia sobre provações, além de descobrir como enfrentá-las. Verá também histórias reais de vitória sobre provações, com a graça de Deus, que podem ajudar você a encontrar soluções específicas para o seu caso. Não importa o que lhe aconteça ao longo da vida, mantenha estas palavras de Jesus em sua mente e coração. Logo após mencionar a universalidade das provações e tribulações, Jesus disse: "Tende bom ânimo; eu venci o mundo" (Jo 16.33).

Essas são boas notícias que Deus nos dá! A vitória de Cristo, efetuada por meio de sua morte e ressurreição, anulou e invalidou a oposição do mundo. É verdade: vamos sofrer, cair, falhar e ser atacadas. Vamos experimentar provações de toda magnitude e duração, desde esperar ajuda fora do carro até aquele tipo de reviravolta que muda uma vida inteira, um problema que parece sem fim. O triunfo de Cristo, porém, garantiu a esmagadora derrota do mundo e de seus males, inclusive nossas tribulações.

Ao longo da leitura, mantenha vivas no seu coração essas palavras do apóstolo Paulo:

- ❧ "Graças a Deus que nos dá a vitória por meio de nosso Senhor Jesus Cristo" (1Co 15.57).
- ❧ "Em todas estas coisas, porém, somos mais que vencedores, por meio daquele que nos amou" (Rm 8.37).
- ❧ "Bendito seja o Deus e Pai de nosso Senhor Jesus Cristo, o Pai de misericórdias e Deus de toda consolação! É ele que nos conforta em toda a nossa tribulação" (2Co 1.3,4).

PARTE 1

Tornando-se uma mulher alegre

A vida não precisa ser fácil para ser alegre. Alegria não é a ausência de problemas, mas a presença de Cristo.[1]

WILLIAM VANDER HOVEN

Tornando-se uma mulher alegre

1

Aceitando a verdade

❦

*Meus irmãos, tende por motivo de toda
alegria o passardes por várias provações.*
Tiago 1.2

Já lhe pediram algo que não despertava o seu interesse? Algo que poderia até lhe causar alguma dor física, mental ou emocional? Com certeza, muitas vezes, não é? Isto aconteceu comigo em certa manhã de verão. Um dos telefonemas que recebi naquele dia ensolarado foi o de uma senhora que presidia o ministério das mulheres na igreja de minha família. Ela me pediu que orasse sobre assumir a escola bíblica feminina na primavera seguinte. Não se limitou a me propor a liderança do grupo, mas chegou a me dar um tema específico de estudo: provações! Seu comitê discutira as necessidades das mulheres da igreja e decidira que enfrentar com sucesso as tribulações seria um tópico importante, já que muitas delas passavam por todo tipo de dificuldades.

Aquelas senhoras não tinham ideia, mas seu pedido tornou-se rapidamente uma provação em minha vida. Você pode até perguntar: por quê? Continue lendo.

Minha primeira resposta, sinto dizer, foi negativa. Não gosto de ensinar por procuração. Prefiro seguir o fluxo de meu estudo bíblico pessoal.

Minha segunda resposta, sinto também dizer, foi medo. Quem iria participar de uma classe concentrada em problemas? A maioria não quer ouvir coisas agradáveis, felizes? Não queria me tornar uma professora de choros, suspiros e lamentos!

No entanto, depois de conversar com Deus, ele mudou o meu coração. Aceitei a oportunidade como vinda dele. Entendi que ele não só estava me pedindo que abordasse a vulnerabilidade de cada um às provações diárias, mas que também tinha algumas coisas para me ensinar. O comitê da igreja havia sido sábio: As provações fazem parte da vida... da minha e da sua.

Procurando outro professor

Ao atravessar a provação de aceitar uma tarefa pouco desejada e o desafio de mergulhar no tema das provações, minha mente correu para o apóstolo Tiago. Imaginei que ele tivesse passado por uma experiência similar, já que abordara o tema em sua epístola.

Coloque-se por um segundo no lugar de Tiago. É como se você recebesse o cargo de professor em uma disciplina que poderia ser chamada de Noções Básicas sobre as Provações. Por saber que todos nós sofremos, o diretor do curso — o próprio Deus — pediu a Tiago para criar um currículo que providenciasse ajuda substancial aos cristãos diante dos maus tempos.

Porém, isso não é tudo! Foi dito a Tiago que seria um curso por *correspondência*. Por quê? Porque ele nunca iria falar diretamente aos alunos. A tarefa de Tiago era então elaborar instruções universais, que os ajudassem em *toda* e *qualquer* situação para *sempre*. Tiago deveria divulgar informações úteis para *qualquer* cristão, desde a criança em Cristo enfrentando as dores do crescimento até o santo amadurecido no seu leito de morte; deveria comunicar diretrizes que instruíssem o povo de Deus sobre como enfrentar tudo, desde um pequeno insulto até uma grande catástrofe.

O que você faria se fosse Tiago? O que diria? Por onde começaria? Pois esta foi exatamente a tarefa que Deus deu a ele. Havia alguns santos "lá fora" que precisavam de ajuda. Judeus crentes morando fora de Jerusalém e da Palestina, fora do centro do cristianismo, passando por várias provações. O trabalho de Tiago era ministrar-lhes conselhos de maneira piedosa.

Quais foram os resultados da tarefa? Esses são alguns fatos que cercam as lições eternas de Tiago a todos os crentes sobre como descobrir o caminho de Deus nas provações.

Indo direto ao ponto

Para início de conversa, cronologicamente o livro de Tiago é a primeira epístola do Novo Testamento, escrita apenas quinze anos depois da morte de Jesus. É um manual ousado, direto, prático, sobre a vida santa sob quaisquer condições — inclusive pressão. Repleta de sabedoria, a epístola de Tiago foi comparada ao livro de Provérbios por suas declarações curtas, afiadas, relativas à vida piedosa.

Como Tiago cumpriu a tarefa recebida de Deus? Sentou-se e, sob a inspiração do Espírito Santo, escreveu listas de advertências a seus leitores invisíveis — uma lista de princípios, de faça e não faça, de regras de vida. Tiago transmitiu a seus irmãos e irmãs em Cristo palavras de sabedoria para todas as circunstâncias.

Qual a razão de Tiago ter sido escolhido para isto? Possivelmente por ser meio-irmão de Jesus (veja Mt 13.55). Veja bem, Tiago, um irmão mais jovem na família, teria testemunhado em primeira mão como Jesus, o Filho de Deus e o Homem Perfeito, lidava com as provações.

Imagine agora que você é Tiago. O que diria para começar seu curso intitulado Noções Básicas sobre as Provações? Um representante da indústria de cartões certamente adotaria as seguintes mensagens para os santos pobres e sofredores: "Estive pensando em você", ou "Sare logo", ou "Fique firme, garoto!" Autores de livros de psicologia sugeririam ações como recuar, procurar vencer, lutar, desistir ou ceder. De modo surpreendente, o curso de Tiago na Escola de Provações oferece conselhos bastante diferentes. Em apenas nove palavras, Tiago vai diretamente ao ponto com uma exortação:

Tende por motivo de toda alegria o passardes por várias provações
(Tg 1.2).

Deixando de lado generalidades, conversas fúteis e tentativas de dourar a pílula, Tiago estimula os leitores a confrontarem suas tribulações diretamente, com uma abordagem positiva — *alegrar-se* em suas provações! Parece impossível? É... a não ser quando compreendemos várias verdades sobre as aflições.

As provações são um fato da vida

A vida não é fácil. Ser cristão também não é fácil. É claro que temos novidade de vida em Cristo, temos as promessas de Deus. Porém, como crentes, é certo que todos nós seremos sacudidos pelas provações ao longo de todo o caminho:

- Pedro disse aos seus leitores: "Não estranheis o fogo ardente que surge no meio de vós, destinado a provar-vos, como se alguma coisa extraordinária vos estivesse acontecendo" (1Pe 4.12).
- Paulo escreveu: "Ora, todos quantos querem viver piedosamente em Cristo Jesus serão perseguidos" (2Tm 3.12).
- Jesus ensinou que: "No mundo, passais por aflições" (Jo 16.33).

As tribulações virão. Viveremos todo tipo de experiência, inclusive as negativas. Mas diz Tiago que, *quando* chegarem, temos escolhas a fazer. Uma dessas escolhas é *atitude*. Deus nos concede o privilégio de escolher a nossa atitude. Podemos reagir de modo amargo, deprimido ou irado, ficar resmungando... Cabe a nós escolher. Ou podemos ser mulheres que suspiram... suspiram... e suspiram um pouco mais, sentindo-se derrotadas. Podemos desanimar, franzir a testa, ficar amuadas e nos queixar. Tiago, porém, recomenda uma perspectiva melhor — de fato, o melhor caminho! Ele compartilha conosco a escolha certa. Ele nos encoraja a decidir ter uma atitude alegre. *A primeira regra de Tiago para a vida jubilosa em circunstâncias pouco alegres é considerar tudo como motivo de toda alegria.*

Aprendendo a considerar

Assim como o alfabeto é a base do aprendizado para ler, o conhecimento do um-dois-três é fundamental para aprender como triunfar nas provações. O curso elementar, simples, de Tiago sobre a paciência piedosa no sofrimento inclui aprender a considerar. Ele diz "considerar tudo como motivo de alegria" ao deparar-se com cada provação. Quando leio essas palavras minha reação imediata é não gostar delas. As palavras de Deus por intermédio de Tiago são inesperadas e chocantes, como água gelada lançada em meu rosto. Por quê? Quero que Tiago (e todo mundo!) se identifique comigo, sinta a minha dor. Quero empatia e simpatia. Quero que alguém me ajude. Quero que alguém me convença a ter uma atitude piedosa.

> *Considerar as provações como motivo de alegria é uma questão de fé e não de sentimentos.*

Como desejo um coração obediente (e penso que você também), compreendo que tenho de aprender a considerar em vez de contar com outros.

"Considerar" significa avaliar e prestar contas de algo. No caso de Tiago 1, versículo 2, é a provação *que deve ser avaliada até o ponto em que se decide considerá-la como motivo de toda alegria.* Considerar envolve julgamento cuidadoso e deliberado.

No final, devemos olhar para a provação — qualquer que seja ela — e considerá-la como motivo de *alegria*.

Aprendi muito sobre essa "consideração". Em primeiro lugar, considerar uma provação como alegria é feito com a mente... e não com as emoções. É uma disciplina mental. É uma questão de pura obediência. Deus não está pedindo que os cristãos envolvidos em provações "sintam" alegria. Ele está pedindo que sigam as suas instruções e "considerem" (avaliem, determinem e decidam) essas provações como motivo de alegria.

Em segundo lugar, considerar provações como motivo de alegria não tem nada a ver com o corpo ou como o cristão está se sentindo fisicamente. Considerar elimina avaliações de acordo com a experiência física, ao contrário da ideia de que "se me agrada é uma coisa boa" ou "se não me agrada deve ser uma coisa má".

Os cristãos, portanto, não devem "considerar" ou avaliar suas provações de acordo com aparências ou sentimentos. A consideração não é feita pelo que vemos, mas *pela fé* (2Co 5.7). Pela fé e em obediência *escolhemos* considerar cada provação como alegria. Por quê? Porque é isso que Deus diz que devemos fazer para descobrir o seu caminho em meio a nossas provações.

Dando um passo à frente

Onde você se acha hoje? Onde você mora? Você quer ou gosta de estar nesse lugar? É comum, para uma mulher, morar onde não se deseja. Por exemplo, se você é casada, vai seguir seu marido por todo canto... ou talvez ele não deseje tomar

18 ❦ Descobrindo o caminho de Deus nas provações

qualquer atitude enquanto você está ansiosa por um novo começo. Você deixa a família para trás — irmãs, irmãos, pais, filhos casados, netos, e amigos — enquanto fica junto de seu marido. Como Sara no Antigo Testamento (Gn 12.1-5), você pode ter de pôr de lado tudo que lhe é familiar e amigável para experimentar o que é diferente e o que não parece benéfico para você e sua família na ocasião.

Se você é solteira, experimenta perda quando seu emprego a leva de lugar em lugar, afastando-a dos entes queridos, de uma boa igreja e de seu sistema de apoio. É como se você estivesse começando de novo.

Minha amiga, estas são provações.

Qual o seu estado mental ou espiritual hoje? Você está sofrendo por causa de tristeza, desânimo, medo, ansiedade, preocupação, solidão ou desespero? Até o poderoso guerreiro, o rei Davi, teve seus dias de abatimento. Havia problemas entre ele e certas pessoas. Davi clamou a Deus: "Compadece-te de mim, Senhor; vê a que sofrimentos me reduziram os que me odeiam" (Sl 9.13). Houve ocasiões em que Davi pensou que certamente morreria. "Apesar disso, esta certeza eu tenho: viverei até ver a bondade do Senhor na terra" (Sl 27.13, NVI).

Você também está nesse barco? Há uma questão específica — relacionamento, doença, circunstância da vida — perturbando você hoje? Creio que a resposta é sim. Você pode dar um passo gigantesco e positivo para a frente ao compreender a verdade de que as provações são um fato da vida. Não se deixe abater pelas tribulações. Não pergunte *por que* algo lhe aconteceu. Não acuse Deus com pensamentos do tipo "Como um Deus amoroso pôde permitir que isso acontecesse?" Não duvide de Deus, perguntando-se: "Onde Deus está quando preciso dele? Onde Deus estava quando isto aconteceu?" Por favor , não se entregue à ira, à depressão ou ao desânimo. E não decida "sair da corrida", não desista. Nem queira desistir.

> *Você pode ser uma mulher alegre apesar dos problemas que enfrenta.*

Não adie uma atitude positiva, entregando-se a pensamentos como: "Quando isso tudo acabar, vou ser feliz novamente". Em vez disso, reconheça a verdade de que neste planeta as provações fazem parte da vida. Siga o conselho de Deus em Tiago e "considere tudo como motivo de alegria". Escolha a atitude correta, aquela prescrita por Deus. Curve os joelhos, o coração e suas emoções diante do Deus Todo-poderoso e expresse a atitude de seu coração: "Deus, não gosto do que está acontecendo, mas o Senhor diz para considerar essa dificuldade como alegria. Portanto, pela sua graça, estou decidindo fazer isto".

Você vai agir assim? Aceitar as verdades sobre as provações faz toda a diferença em todas as ocasiões da vida. Este é o caminho de Deus em meio a suas tribulações. Você pode ser uma mulher alegre apesar dos problemas que enfrenta.

*Assim como as estrelas têm mais brilho na noite mais escura,
a sua alegria resplandece mais em meio aos piores problemas
quando você os considera uma alegria.*[1]

Tornando-se uma mulher alegre

2

Usando um método fácil de escolha

❧

*Meus irmãos, tende por motivo de toda alegria
o passardes por várias provações.*

Tiago 1.2

Em um dia maravilhoso em que tudo corria bem —
um daqueles dias raros e perfeitos — quase fui correndo para a caixa do correio. Abri para ver quais os tesouros que
se achavam dentro dela (você sabe: revistas novas, catálogos
de roupas de outono, o folheto de descontos do supermercado). Foi quando ali na esquina, na frente de minha casa, "caí"
em uma provação desafiadora. Uma carta me informou que,
como professora em nossa igreja, eu deveria participar de um
curso de treinamento de ministério durante nove meses. Não
havia condicionais ou brechas. Se quisesse continuar nessa
função, eu teria de frequentar as aulas.

Minha reação foi imediatamente negativa. Onde arranja-
ria tempo para isso? Já estava ocupada demais! Como arrumar

horas não só para as aulas e sessões de treinamento de meio período, como também para as extensas tarefas de casa?

Agora... o que Tiago disse para fazer sobre algo assim? Ah!, é isso mesmo, devo considerar tudo como motivo de alegria.

Dentro de casa, sentei-me diante de Deus e apresentei-lhe meu problema, minha tribulação. Olhei o calendário e entrei em pânico. Orei. Chorei. Discuti com Deus, apresentando cada "sim, mas..." e "como vou fazer..." em que pude pensar. Escrevi uma carta pedindo para ser dispensada do treinamento obrigatório... e depois rasguei. A seguir escrevi uma carta de-mitindo-me de meus ministérios como forma de protesto. Não é preciso dizer que foi horrível... e eu fui horrível. Como tenho certeza de que você já sabe, eu estava em frangalhos. Vou con-tar-lhe daqui a pouco como minha provação terminou.

Neste momento, permita que eu compartilhe com você mais sabedoria por meio de Tiago sobre como descobrir o ca-minho de Deus em meio a qualquer provação que tenha de enfrentar, qualquer problema que esteja estragando o seu dia. Isto me ajudou e vai ajudar você também. Acredite ou não, tinha a ver com cálculos, aprendizado e o uso de um método fácil de escolha.

O princípio contábil

Fazer contas é um pesadelo para você? Para muitos, a ativi-dade de controlar as finanças poderia perfeitamente ocupar o primeiro lugar na lista de Piores Afazeres. Basta entender um mínimo de contabilidade para saber que é um trabalho tedio-so, demorado e geralmente frustrante. Pode também pensar: "Controlar gastos, qual o mistério? Logo chega a fatura do cartão de crédito pelo correio. Com uma olhadinha eu vou saber como gastei meu dinheiro... que nunca sobra".

A escrituração contábil é uma disciplina importante. Sentimos paz de espírito quando sabemos exatamente quanto temos ou não no departamento financeiro. Podemos planejar nossa rota financeira para o dia, o mês e o ano, dependendo do que temos. Podemos saber exatamente de quanto dispomos ou precisamos, para nós mesmos e para outros, prosseguindo em nossos planos e sonhos e, mais importante ainda, servindo ao Senhor.

Olhe, tenho boas notícias para você. Até uma pequena experiência com escrituração ou algum conhecimento de escrituração básica é útil para compreender a ordem de Deus de considerar as provações com alegria. Imaginar um contador em sua mente ajudará você a compreender o conselho de Tiago sobre como lidar com suas provações do jeito que Deus aprova. Você vai beneficiar-se por pensar como um contador ao abordar os seus problemas. Como um contador que registra as transações financeiras, você pode fazer um negócio melhor com Deus ao buscar agradá-lo.

Débito ou crédito?

Creio que minha história de escrituração sirva como um exemplo didático. Em nossa casa eu aprendi (sim, aprendi!) como recém-casada a ser contadora quando meu marido Jim viajou por seis meses para um acampamento de treinamento do exército. Durante a ausência dele, inventei um sistema não muito sofisticado: em uma caixa de sapatos, coloquei todas as contas e recibos a cada dia, e registrei em um bloco apropriado as operações contábeis. Cada página do registro tinha duas colunas, uma rotulada "débito" e a outra "crédito".

Acredite ou não, existem apenas algumas regras fundamentais a serem seguidas para a escrituração. Obedecer a essas diretrizes torna a contabilidade uma disciplina meticulosa, exata — e fácil! Uma regra é que toda quantia em dinheiro é um débito ou um crédito. É uma despesa ou uma renda. É uma perda ou um lucro, uma dívida ou um recurso.

Por haver só duas colunas na página de escrituração básica do contador — débito ou crédito —, o trabalho é determinar se cada soma é um débito ou um crédito. Com a mentalidade de um contador e essa regra de escrituração, tomamos a decisão consciente quanto a onde registrar cada entrada. Eu sempre abria a caixa de sapatos, tirava um pedaço de papel e tomava uma decisão sobre a categoria a que ele pertencia na página de registro. Eu precisava perguntar a cada quantia, cada recibo, cada pagamento: "Você é um débito ou um crédito?" Se o dinheiro saía era um débito, colocado na coluna de débitos. Se o dinheiro entrava, era um crédito, colocado na coluna de créditos. É como o registro no final do seu talão de cheques. Dê uma olhada.

> *Você tem de decidir se deve considerar cada dificuldade como alegria ou tristeza.*

Você vai ver essas mesmas duas colunas e cada quantia de dinheiro é registrada em uma ou outra delas.

Considerar (reconhecer, avaliar ou — minha definição favorita — marcar) as provações como "alegria" é praticamente a mesma disciplina. Você e eu temos de fazer os registros e tomar uma decisão muito consciente sobre cada um de nossos problemas. Você tem de decidir se deve considerar cada dificuldade individual como *alegria* ou *tristeza*. Essas são as duas únicas opções disponíveis para a sua escrituração espiritual. Ao apresentar cada problema a Deus a fim de obter sua ajuda, você pode dizer: "Senhor, essa provação não *parece* alegre e certamente não me faz *sentir* alegre. Não consigo imaginar como isso pode transformar-se em alegria. Contudo, com base nas suas regras divinas para a escrituração, vou considerar este problema como alegria".

A seguir você toma obedientemente a caneta e em um ato de vontade marca a provação na coluna "alegria". É assim que se toma a decisão de considerar a sua provação como alegria: um crédito, um lucro, uma renda, algo positivo!

Reagir ou submeter-se?

Vou agora compartilhar os resultados de minha experiência pessoal, sobre aquela notícia que encontrei na caixa do correio sobre o curso de treinamento da igreja. No momento em que me lembrei das instruções de Deus para lidar com as provações — para considerá-las todas como motivo de alegria — rasguei minha carta de apelo e minha nota de demissão. Eu sabia em meu íntimo que essas eram reações minhas e não as atitudes que Deus estava me pedindo para tomar. Tudo que ele estava me pedindo era "considerar tudo como motivo de alegria". Ele esperava uma resposta *piedosa, madura, alegre* — a resposta dele! Porém, como eu faria isto?

Por sua graça me aquietei, assim como aquietei minha mente e minhas emoções. Mergulhei então a pena de aço fria de minha escrituração contábil na tinta da obediência. Com a capacitação de Deus, escolhi colocar essa provação na coluna "alegria". Cedi à sua ordem imperativa de ser alegre. Novamente, com a ajuda de Deus, usei minha mente e vontade para vencer meus sentimentos e emoções; e, deliberadamente, com minha mão e coração, registrei esta aparentemente injusta, indesejável e estressante exigência-surpresa (em suma, uma provação!) na coluna "alegria". Consegui então "considerar tudo como motivo de alegria".

Posso afirmar que passar por este processo de decisão e submissão à escolha de Deus para mim — a escolha de considerar as provações como alegria — fez uma profunda diferença em minha atitude. Pude entregar-me sinceramente às longas sessões, à leitura e ao treinamento seguindo as instruções de Deus para lidar com as provações em Tiago 1.2. Ele me mostrou o caminho — o caminho *de Deus* — mediante o meu desafio. Além disso, como um bônus divino, aprendi no curso instruções bíblicas valiosas que me ajudaram a crescer como cristã de várias maneiras. Isto resultou em um ministério mais vigoroso para as mulheres que Deus permite que eu conheça.

Ação diária

Posso também afirmar que a luta com minha provação de forma alguma terminou com o ato único de considerar essa única dificuldade como motivo de alegria. Não, não foi uma decisão de uma vez para sempre que durasse meses. De modo algum! Pelo menos uma vez a cada dia, por *muitos* meses, tive de decidir repetidamente "considerar tudo como motivo de alegria".

Assim como eu aprendi da maneira mais difícil a lidar diariamente com a minha escrituração contábil, aprendi a lidar todos os dias com as minhas dificuldades. Por exemplo, se adio a minha escrituração, fico atrasada e perco a trilha de nossas finanças. Fico perturbada com o número de itens financeiros que requerem atenção. O tempo necessário para lidar com o trabalho acumulado depois de negligenciá-lo parece impossível de recuperar. Eu me esqueço de coisas — como pagar uma conta — e acabo no vermelho. Entretanto, se faço diariamente a minha escrituração, estou sempre no controle das coisas. Não há desperdício de dinheiro ou emoções.

> *Um período diário diante de Deus com sua folha do livro razão, apresentando a ele cada prova, é vital.*

O mesmo acontece com minha escrituração pessoal das provações em minha vida. Se apresento todos os dias os meus problemas a Deus e examino cada um com ele em oração, obedientemente procedendo aos cálculos, colocando cada um na coluna da alegria, é mais provável que não me sinta perturbada ou esqueça um deles.

É por isto que um tempo diário diante de Deus com seu livro razão espiritual, examinando cada aflição separadamente, é essencial. Encorajo você a ter um período diário de oração, de escrituração espiritual. Uma mulher alegre é aquela que trata diariamente de seus problemas, colocando fiel e obedientemente suas dificuldades na coluna da alegria... repetidas vezes. Embora lágrimas possam cair e marcar a folha

30   ❦   Descobrindo o caminho de Deus nas provações

do registro, o ato de contar e avaliar nossas provações como alegria faz diferença — toda a diferença, de fato!

Perseverando em meio ao sofrimento

Quando sou tentada a sentir-me especialmente triste por mim mesma ou penso que ninguém está sofrendo tanto quanto ou da mesma forma que eu, releio a história do homem chamado Jó no Antigo Testamento. Jó era piedoso, irrepreensível e justo. Trabalhava duro e orava fielmente. Era um pai exemplar. Procurava obedecer a Deus em tudo. Todavia, sua fé em Deus foi testada com provações físicas, financeiras e espirituais severas. À medida que perseverou, Jó abriu caminho para todos os que são sujeitos a dores. No final, esse homem que declarou "Bendito seja o nome do Senhor!" (Jó 1.21) durante suas provações foi magnificamente abençoado por Deus (42.12).

Uma das minhas passagens favoritas — 2Coríntios 12.10 — ensina claramente que há várias espécies de dor. Esse texto cita as palavras triunfantes do apóstolo Paulo ao encerrar seus pensamentos sobre seu sofrimento pessoal, no que se referia ao "[...] espinho na carne" (v. 7). Depois de ouvir a promessa de Jesus sobre a sua graça suficiente para a provação duradoura, Paulo anunciou: "Pelo que sinto prazer...

...nas enfermidades (fraquezas),

...nas injúrias (insultos e maus-tratos),

...nas necessidades (dificuldades e privações),

...nas perseguições (tormentos),

...nas angústias (problemas e tempos difíceis)".

Reflita sobre isto: Paulo lista cinco tipos diferentes de sofrimento, cinco espécies diferentes de adversidade. Como notam os estudiosos bíblicos, a lista não é completa com referência às provações de Paulo. Isto significa que nunca somos os únicos a sofrer. O sofrimento tem muitas facetas, mas é universal na humanidade devido à queda de Adão no jardim do Éden (Gn 3.1-7).

As boas notícias são que podemos perseverar em meio ao sofrimento. Por causa da graça de Deus podemos ser fortes mesmo quando o sofrimento nos enfraquece.

> *Por causa da graça de Deus podemos ser fortes mesmo quando o sofrimento nos enfraquece.*

Ao obedecer ao conselho de Tiago e seguir o exemplo de Paulo de alegrar-se no poder de Cristo (2Co 12.9,10), você e eu podemos atravessar nossas tribulações como vencedores. Como Jó, sabemos que bênçãos nos aguardam do outro lado.

Dando um passo à frente

Um caminho ou passagem é um acréscimo funcional a qualquer quintal ou jardim. Sua vida também se torna mais ordenada e fácil de navegar quando há um caminho a seguir. Quando caminha pela vida e pelas provações que certamente virão, você se beneficia do caminho que Deus destinou para você palmilhar. Dor, problemas e sofrimentos são um caminho que terá de trilhar. Portanto, por que não embelezá-lo e aperfeiçoá-lo com a alegria graciosa de Deus? Tiago avisa: Quando surgirem provações, não saia do caminho de Deus por causa delas. Em vez disso, torne-se uma contadora e considere as dificuldades como "motivo de toda alegria".

Você está sendo sobrecarregada com exigências "impossíveis" no momento? Qualquer dificuldade que lhe cause tristeza? Quaisquer problemas nos seus relacionamentos? Pequenos itens que perturbam, um aborrecimento, uma inconveniência que facilmente lhe rouba a alegria? Agradeça! Alegre-se! Há esperança. Há um caminho para sair desses problemas e de todas as provações. Deus torna possível que você encontre o caminho dele, a sua paz e a sua alegria em tudo. Tiago fala dessas tribulações da vida. A solução soberana, segundo Deus, sem levar em conta a complexidade de qualquer problema, é simples. "Tende por motivo de toda alegria o passardes por várias provações".

Deus chama você para pôr de lado os seus sentimentos, medos e emoções, decidindo considerar todas as provações como alegria, não importa o que sejam. As bênçãos resultam da advertência simples de Tiago para assumir o compromisso consciente de enfrentar suas dificuldades com alegria, escolher ser alegre. Bênçãos aguardavam Jó após suas muitas dificuldades. Bênçãos também vieram para mim no momento em que me submeti ao conselho de Deus, considerando com alegria minha provação sobre o treinamento e escolhendo lidar com a situação com uma atitude alegre.

Seguir as diretrizes de escrituração financeira de Deus e usar o seu método fácil de escolha nos aperfeiçoa e completa, ajudando-nos a exercitar a paciência. Tiago 1.2-4 diz: "Meus irmãos, tende por motivo de toda alegria o passardes por várias provações, sabendo que a provação da vossa fé, uma vez confirmada, produz perseverança. Ora, a perseverança deve ter ação completa, para que sejais perfeitos e íntegros, em nada deficientes". Perseverar em meio às provações faz que produzamos frutos. Um desses frutos é a beleza de ser uma mulher alegre... sem levar em conta o que está acontecendo ou o que falta em sua vida. Esse é um dos passos de Deus para você descobrir e permanecer no caminho dele. Lidar com suas aflições do *modo dele*, avaliando-as como alegria, é *o caminho* para atravessar as suas dificuldades com um contentamento inexplicável que traz honra e glória ao Senhor.

Quão grande é a sua fé e confiança em Deus? Suas provações e dificuldades são uma oportunidade de ouro para a alegria. Você *pode* enfrentar seus problemas com uma perspectiva positiva! Você *pode* ser alegre mesmo quando todo o seu mundo parece estar caindo em pedaços! Como? Você conhece a resposta a esta altura. Considere tudo como alegria. Isto coloca você no caminho de Deus mediante as suas provações.

Cristo não só representa um remédio para a sua fadiga e seus problemas, mas também lhe dará abundância do oposto: alegria e deleite.
JONATHAN EDWARDS

Tornando-se uma mulher alegre

3

Avaliando o que está acontecendo

❧

Meus irmãos, considerem motivo de grande alegria
o fato de passarem por diversas provações.
Tiago 1.2, NVI

Todos encontram e experimentam provações. Porém, as mulheres matriculadas em meu curso bíblico noturno sobre o livro de Tiago me ensinaram novas dimensões de tribulações à medida que começamos a buscar o caminho de Deus por intermédio delas. Quando terminamos de estudar o capítulo 1 de Tiago, na primeira noite de aula, dei-lhes esta tarefa: durante uma semana, escrever um diário de suas provações, contando como foi o processo e o resultado ao decidir considerá-las como alegria.

Eu não estava preparada para que essa pesquisa fosse transformadora de vidas para as alunas ou que elas tomassem a tarefa tão a sério que na semana seguinte os registros entregues tinham pelo menos cinco páginas. As alunas listaram *todas*

38 ❧ Descobrindo o caminho de Deus nas provações

as suas provações, anotando todas as ocorrências de cada dia durante a semana inteira.

O registro de uma mulher sobre o problema Número Um partiu realmente meu coração. O marido fora promovido no emprego, algo que envolvia uma grande mudança, com os filhos, os bens e os animais de estimação, para o outro lado do país. A fim de estabelecer-se na Califórnia, ela teria de deixar para trás casa, igreja, família e amigos.

Semanas depois da mudança, esse marido e pai decidiu abandonar a família, deixando a pobre mulher desolada como mãe sozinha em uma terra estranha. Agora, sua tarefa na aula bíblica era considerar *todas* as suas provações como *grande alegria* durante uma semana inteira! Ela ficou imaginando se poderia levar a cabo tal incumbência.

Daqui a pouco continuo a história dela. Por enquanto, vamos voltar à minha aula bíblica: de volta à escola!

Encarando as provações da maneira errada

Certa noite perguntei àquelas mulheres em minha classe: "Como as pessoas podem responder de modo errôneo às provações?" Veja a variedade de reações e pensamentos errados, não bíblicos, que elas apresentaram!

- ❧ Pensar que Deus deve estar me castigando: "O que fiz agora?"
- ❧ Pensar que Deus deve estar me julgando: "Deus deve estar zangado comigo".
- ❧ Pensar que Deus me esqueceu: "Ele me voltou as costas. Não está olhando para mim. Não sou importante para ele".

Avaliando o que está acontecendo 39

- Pensar que sou inferior a outros: "Não sou tão boa quanto os outros cristãos. É por isto que devo sofrer deste modo".
- Pensar que a provação tem a ver com a falta de amor de Deus: "Deus não me ama mais".
- Pensar que a tribulação é algo de que devo livrar-me logo, passar por ela rapidamente, ou manipulá-la: "Rápido, como posso terminar isto?"
- Pensar que a tribulação é algo de que devo envergonhar-me: "O que outros irão pensar? Se alguém descobrir, vai manchar a minha reputação".

Essas conclusões errôneas podem levar a reações emocionais como essas:

- Questionamento: "Por que eu? Isto só acontece comigo!"
- Culpar outros.
- Culpar Satanás.
- Interrogar Deus: "Por que, Senhor? O que está fazendo? O que há de errado comigo? O que está errado em minha vida?"
- Entrar em depressão: "Onde está o meu pano de saco? E onde posso colocar as mãos nas cinzas?"
- Acovardar-se com apreensão e temor, medo de dar um passo ou fazer um movimento: "Não tenho coragem de sair de casa. Alguma coisa pode acontecer comigo".
- Ficando irada com Deus, com outros e consigo mesma: "Como o Senhor pôde fazer isto comigo? Estou

cansada dessas pessoas. Nunca faço nada certo. Melhor esquecer o cristianismo!"

- Espanto e incredulidade: "Pensei que ser cristã significava ser feliz e ter uma vida livre de problemas".
- Frustração: "Isto é ridículo. Posso viver melhor sem isso".
- Atribuir mal a Deus ao pensar que ele se compraz em nosso sofrimento: "Está se divertindo, Deus?"
- Desconsiderar a provação: "É questão de destino, coincidência, algo que aconteceu, um pouco de má sorte".
- Limitar Deus: "Sei que ele sabe e se importa, mas acho que não pode impedir que essas coisas aconteçam... ou talvez não consiga detê-las".
- Encarar as provações como uma irritante interferência ou interrupção: "É apenas um problema desagradável que precisa ser suportado".

Espero que a esta altura você tenha decidido seguir as instruções seguras de Deus para lidar com as provações e suportá-las, descobrindo e trilhando gloriosamente o caminho dele. Se você é responsável por algumas dessas avaliações erradas sobre as suas tribulações e algumas das respostas listadas, saiba que não está sozinha. As mulheres de minha classe e eu preparamos essas listas baseadas em experiências pessoais!

Sei que a graça de Deus vai capacitar você a examinar as suas provações da perspectiva dele. Você está seguindo as instruções de Deus para considerar cada provação como alegria? Ótimo! Qual é agora o próximo passo para ser uma mulher alegre?

Conhecendo a verdadeira alegria

Tiago nos diz isto em dez palavras. Ele afirma que não devemos apenas avaliar o conteúdo de cada provação como sendo alegria, mas acrescenta também uma pequena palavra com uma grande mensagem: *"Tende por motivo de toda alegria o passardes por várias provações"* (Tg 1.2). *Toda* alegria significa alegria pura, sincera, no mais alto grau — alegria genuína. Somos exortadas a considerar cada provação como nada senão alegria. A mulher piedosa irá considerar suas provações como *inteiramente alegres* mesmo em meio à tristeza.

Da mesma forma que a mulher faz a sua escrituração, analisa cuidadosamente e avalia o que está acontecendo em sua vida, colocando deliberadamente cada provação na coluna "alegria", ela também determina que é totalmente alegria — alegria pura. Toma a decisão de avaliar cada provação como contendo somente alegria. Esta avaliação é feita por meio dos olhos da fé, com a *decisão* de avaliar cada provação terrível ou trivial como toda — e nada senão — alegria.

Quando eu era estagiária no programa de evangelismo em minha igreja, memorizei vários versículos bíblicos para usar quando fosse comunicar o evangelho de Jesus Cristo. Uma dessas passagens era Habacuque 1.13, uma declaração sobre a pessoa e a natureza de Deus: "Tu és tão puro de olhos, que não podes ver o mal". Em outras palavras, os olhos de Deus são puros demais para contemplar *qualquer* mal.[1]

Com o intuito de ilustrar esse versículo, fomos ensinados a imaginar um galão de tinta branca pura. A seguir devíamos pensar sobre o fato de que se um pingo de outra cor, ainda

42 ❦ Descobrindo o caminho de Deus nas provações

que mínimo, fosse colocado naquele galão de tinta branca pura, ela não poderia mais ser branca. Mesmo que fosse uma gota de branco sujo, o galão não seria mais branco puro.

Com esse exemplo em mente, recorde a imagem do contador. Ele não olha para cada soma avaliando-a em uma escala ou tentando adivinhar. Não, aquele único item é 100% um débito ou 100% um crédito. Você precisa então da mesma mentalidade ao avaliar suas provações. Recuse usar qualquer escala (por exemplo, uma escala de um a dez) além desses 100%. Acredite que cada provação não é nada senão alegria — alegria pura. Veja as suas provações através dos olhos da fé e creia com um coração fiel que não há uma gota ou sinal de qualquer coisa em suas provações além de 100% alegria pura, sem restrições, genuína!

> *Veja suas provações através dos olhos da fé e creia com um coração fiel que há nelas apenas alegria.*

Esse processo de avaliação é uma disciplina. Registrei essas palavras de meu antigo pastor John F. MacArthur em meu diário quando ele discorreu sobre Tiago, capítulo 1, e a alegria genuína que pode ser nossa:

Avaliar uma provação como sendo alegre é algo que o cristão deve disciplinar-se a fazer, porque a alegria não é a resposta natural dos seres humanos às dificuldades. Ele deve assumir o compromisso consciente de enfrentar cada provação com uma atitude alegre.

AVALIANDO O QUE ESTÁ ACONTECENDO 🎔 43

Alegrando-se custe o que custar

Já mencionei o apóstolo Paulo e seu sofrimento. Veja agora alguns exemplos de suas muitas dificuldades. Em 2Coríntios 11.23-27, Paulo relata:

> 🎔 "Eu ainda mais: em trabalhos, muito mais; muito mais em prisões; em açoites, sem medida; em perigos de morte, muitas vezes. Cinco vezes recebi dos judeus uma quarentena de açoites menos um.
>
> 🎔 "Fui três vezes fustigado com varas; uma vez apedrejado; em naufrágio três vezes; três vezes; uma noite e um dia passei na voragem do mar.
>
> 🎔 "Em jornadas, muitas vezes; em perigos de rios, em perigos de salteadores, em perigos entre patrícios, em perigos entre gentios, em perigos na cidade, em perigos no deserto, em perigos no mar, em perigos entre falsos irmãos.
>
> 🎔 "Em trabalhos e fadigas, em vigílias muitas vezes; em fome e sede, em jejuns, muitas vezes; em frio e nudez".

Quanto sofrimento! Quanto abuso! Quanto perigo! Quanta traição! Todavia, foi o mesmo Paulo que falou tantas vezes de alegria. No livro de Filipenses, algumas vezes mencionado como a epístola da alegria (escrita quando Paulo se achava preso), Paulo exultou:

> 🎔 "Com isto me regozijo, sim, sempre me regozijarei" (Fp 1.18).
>
> 🎔 "Alegrai-vos no Senhor" (3.1).

44 ❧ Descobrindo o caminho de Deus nas provações

❧ "Nós[...] nos gloriamos em Cristo Jesus" (3.3).
❧ "Alegrai-vos sempre no Senhor; outra vez digo: alegrai-vos" (4.4).
❧ "O Deus da paz será convosco" (4.9).

Dando um passo à frente

Há vários tipos de caminhos por entre a paisagem. Um deles é uma subida em degraus que exige muita atenção para não cair. Sua tarefa — considerar cada provação como alegria — é uma das pedras que Deus colocou cuidadosamente para levar você pelo caminho que ele traçou em meio a suas tribulações.

Enquanto refletia sobre a alegria genuína — alegria *pura*, alegria *verdadeira*, alegria *completa e total*, alegria *absoluta*, *plenitude* de alegria — compreendi que tenho a tendência de considerar a provação como sendo nove décimos de alegria e reservar um décimo especial de sofrimento para mim mesma. Alguma coisa em mim gosta de guardar parte de um problema para entristecer-me, para atenção pessoal, para conversar com outros, para a autopiedade, para nutrir um "complexo de mártir" ou uma atitude "pobre de mim", que algumas vezes me dá grande prazer. Gosto em certas ocasiões de sentir pena de mim mesma — pelo menos um pouco! Todavia, aqui está o meu Deus onisciente que promete a mim (e a você!) "plenitude de alegria" e "delícias perpetuamente" (Sl 16.11), instruindo-me em termos incisivos a considerar minha provação como motivo de *toda alegria*.

Está lembrada da aluna abandonada pelo marido depois de uma mudança para longe? Veja como ela avaliou suas provações:

Se a Bíblia não afirmasse em Tiago 1.2 para considerar como "motivo de toda alegria o passardes por várias provações", eu certamente não teria me engajado no processo de disciplinar minha mente em obediência como faço agora. Por causa da tribulação em minha vida neste período, estou buscando o coração, a mente e a vontade do Senhor, agarrando-me a ele como nunca. Sou grata por ter sido ensinada a fazer isto: considerar tudo como alegria e perseverar na fé; caso contrário o sofrimento, a dor e a confusão seriam insuportáveis. À medida que confiei nesse versículo e em outros nesta semana, procurei obedecer e contar as alegrias:

- Vejo a mão de Deus trabalhando fielmente em minha vida enquanto fala por intermédio daqueles a quem ama e chamou.
- Venho procurando viver de acordo com o chamado dele com mais fervor que nunca.
- Estou aprendendo as verdades dele de maneira mais profunda do que já conhecera anteriormente.
- Vejo relacionamentos crescendo em áreas que eu nunca teria escolhido ou esperado, com grandes oportunidades para compartilhar quando a minha alegria e força surgem.
- Posso me importar mais com outros que estão sofrendo porque agora conheço o sofrimento, a dor, a rejeição.
- De alguma forma, posso identificar-me melhor com a rejeição suportada por Jesus e amá-lo mais profundamente.

❧ O desejo de meu coração é ser uma cristã amadurecida, servindo ao meu Deus de todo o coração e mente. Vou considerar também como motivo de toda alegria o fato de que ele me ama e se importa o suficiente comigo para provar-me e fazer-me crescer.

Essa é uma mulher que está descobrindo o caminho de Deus através de uma terrível provação. Tenho de admitir que fico muito admirada ao ver a força e o crescimento dela no Senhor. Quero o que ela tem. Desejo a proximidade de Deus e a poderosa dependência dele experimentada por ela. Quero ser a mulher realmente alegre e madura que ela está se tornando, uma mulher que olha para a frente com plena energia e alegria genuína apesar de extremas dificuldades. Se eu pudesse realmente alcançar esse nível de alegria e maturidade, qualquer provação valeria a pena.

Você quer avançar em seu crescimento? Caso positivo, entregue-se à tarefa que eu e minhas alunas tivemos de fazer. Durante uma semana faça um diário de suas provações. Depois avalie-as da perspectiva de Deus, decida considerá-las como motivo de *toda alegria* e registre os resultados positivos obtidos ao tomar essa decisão piedosa. Escolha seguir o belo e prático caminho de Deus através de suas tribulações! Ele colocou cuidadosamente os degraus para você, o primeiro sendo uma atitude jubilosa.

> *Decida seguir o belo e prático caminho de Deus em meio às suas provações!*

O caráter não pode ser desenvolvido na inércia e quietude. Só mediante experiências de provação e sofrimento a alma pode ser fortalecida, a visão se aclara, a ambição é inspirada e o sucesso alcançado.

HELEN KELLER

Tornando-se uma mulher alegre

4

Antevendo golpes, obstáculos e problemas sem solução

❦

*Meus irmãos, tende por motivo de toda
alegria o passardes por várias provações.*
Tiago 1.2

Um livro esclarecedor intitulado *You gotta keep dancing* (*Você precisa continuar dançando*), de Tim Hansel, apresenta um tratamento sensato das provações resultantes das experiências de primeira mão do autor. O subtítulo do livro é "Em meio às provações da vida, você pode escolher a alegria!" Hansel escreveu sobre seu sofrimento pessoal e os de outros, em um relato poderoso de como Deus opera em meio ao trauma físico e emocional. O fio condutor de suas afirmações sobre a aflição e o sofrimento é a compreensão vital de que a alegria é uma decisão em meio às dores.

Eis o que aconteceu com o autor. Por ser um homem forte e fisicamente bem preparado, Tim Hansel gostava de escalar montanhas. Em uma de suas escaladas, ele caiu de um ponto bem alto, mas conseguiu levantar-se e descer a montanha. Enquanto dirigia de volta para casa, ficou pensando: "Por que estou tão baixo? Por que o volante está tão longe?"

Só depois de chegar em casa é que Tim descobriu a razão. Sua coluna estava quebrada! (Isso é que é antever golpes, obstáculos e problemas sem solução!) Seu corpo, felizmente, entrara em choque, permitindo que continuasse funcionando e dirigisse o carro apesar do acidente até chegar a casa em segurança. Todavia, "lar" agora incluía mais de vinte anos aprendendo a viver com uma dor crônica. Significava vinte anos ou mais compreendendo a cada dia e a cada pontada de dor que o desastre não leva a alegria.

Caminhando em meio às tribulações

Você já ouviu falar dos cinco passos que todos dão depois de uma perda, grande mudança, ou trauma? A lista é esta:

- O primeiro é negação, recusar-se a crer no que aconteceu.
- O segundo é ira, um sentimento de raiva baseado em uma frustração que não pode ser eliminada.
- O terceiro é negociação, uma tentativa de fazer tratos com Deus.
- O quarto é depressão, um sintoma de uma longa ira guardada e muita culpa.
- Finalmente, o quinto é aceitação. Esse estágio positivo é experimentado quando a pessoa compreende que o ocorrido não vai mudar, que é real e permanecerá para sempre.[1]

Você já pensou que, ao lidar com suas provações ao modo de Deus, você pode cortar as quatro primeiras reações dessa lista (negação, ira, negociação, depressão) e ir direto para a aceitação? Isso é feito ao "considerar tudo como motivo de alegria" quando você passa por várias dificuldades. No momento em que isso acontece, você corre para o lugar de aceitação alegre. "O fruto do Espírito é [...] alegria" (Gl 5.22) e contar suas provações como alegrias leva a produzir o fruto do Espírito em sua vida. Para "andar no Espírito" (v. 16) nas suas provações, você deve escolher a alegria.

Pense novamente em Tim Hansel e sua trajetória até o ponto de aceitação de uma dor permanente. Em seu livro, ele conta a entrevista que fez com Joni Eareckson Tada, que quebrou o pescoço quando moça e desde então não podia sentir nada, inclusive dor. Hansel afirma que depois da entrevista com Joni, seu filho pequeno foi até ele, pulou em seu colo e lhe deu um abraço de urso. O abraço doeu terrivelmente, mas Tim pensou: "Puxa! Vou aceitar a dor porque posso ter isto também!" Buscando aprender a suportar e lidar com a dor, Hansel escreveu:

Se quisermos ter alegria (...) na vida (...) devemos primeiro descobrir o que é exatamente alegria. Não é um sentimento, é uma escolha. Não é baseada em circunstâncias, mas em atitude. É gratuita, mas não é algo barato. É o subproduto de uma relação crescente com Jesus Cristo. É uma promessa e não um trato que fazemos com Deus. Fica à nossa disposição quando nos colocamos nas mãos dele. É uma coisa que podemos receber por convite e por escolha. Requer compromisso, coragem e perseverança.[2]

52 ❧ Descobrindo o caminho de Deus nas provações

Essas percepções pertencem à seção intitulada "Escolha a alegria". Nessa parte do livro ele enfatiza repetidamente que devemos *escolher* a alegria, considerar nossas provações como motivo de toda alegria.

Encontrando provações

Falamos sobre provações e nossas reações a elas, mas vamos agora prosseguir e considerar as tribulações em si. Tiago nos dá dois fatos importantes sobre as dificuldades.

Primeiro, nas palavras de Tiago, "ireis passar por várias provações" (Tg 1.2). Imagine a sua vida cristã como um jogo de tabuleiro, chamado O Caminho da Perfeição ou, quem sabe, Avançando para a Maturidade. Enquanto joga, você está alegremente movendo sua pequena ficha pelo tabuleiro. É a sua vez de receber instruções e ver qual será o seu movimento seguinte. O cartão talvez lhe permita avançar cinco passos sem qualquer obstáculo, ou passar pelo seu próximo exame, ou ultrapassar os demais jogadores e receber uma promoção, ou conhecer o Príncipe Encantado, ou receber um prêmio (um reembolso ou cheque-surpresa pelo correio). Talvez receba instruções de passar sua vez no hospital, perder sua vez sem qualquer motivo, ficar parado e observar outros ultrapassando você ou não receber restituição de imposto este ano, mas pagar. Com uma jogada dessas, você "caiu" em uma provação.

"Cair." Este conceito também significa encontrar, tropeçar em, encontrar-se cercado ou envolvido em algo. Indica que encontrar provações não é simplesmente uma possibilidade, mas uma inevitabilidade. Em outras palavras, as provações são uma certeza. Fazem parte da vida diária na terra.

A parábola do Bom Samaritano contada por Jesus ilustra o significado de *passar por uma provação* (Lc 10.30-37). Nessa história, "certo homem descia de Jerusalém para Jericó e *veio a cair* em mãos de salteadores" (v. 30). É isso! Esse homem estava simplesmente cuidando de seus negócios, seguindo pela estrada do ponto A ao ponto B, quando subitamente "caiu" em uma provação e "caiu" entre ladrões.

As provações não são castigos de Deus e não são consequências do pecado (embora o pecado possa levar a tribulações ou piorar uma situação). Esse homem tão autoconfiante caiu em uma situação penosa. Tropeçou nela. Não a procurou, nem a merecia. Não planejou isso, não queria o problema e não orou por ele. Não era louco nem masoquista. Não era um insensato nem um mártir. Não esperou por isso nem viu o problema se aproximando. Se soubesse, teria sem dúvida procurado outro caminho ou feito o possível para evitar a dificuldade. Não, a sua provação simplesmente apareceu. Dobrou uma curva... e lá estava ela.

> *As provações não são castigos de Deus e não são consequências do pecado (embora o pecado possa acarretar provações).*

Como para esse homem inocente, as provações que encontramos e nas quais caímos são externas. Não são um resultado do pecado. São uma surpresa, um choque. São inesperadas, não planejadas e não merecidas. Nunca existe uma boa ocasião para cair em uma dificuldade.

As provações são também pontos decisivos. Corrie ten Boom escreveu: "O ponto crítico pode ser anunciado pelo toque do telefone ou por uma batida na porta". No caso dela, Corrie sofreu anos de provações como resultado de uma batida de soldados alemães em sua porta. Essa batida foi o ponto crucial para ela, afastando-a de uma vida normal e arrastando-a para um campo de concentração.

Corrie ten Boom caiu em uma provação. O pobre viajante na estrada para Samaria caiu em uma provação. O mesmo aconteceu com Tim Hansel. Cada um deparou-se com um ponto crítico. Estou certa de que cada um expressou ou pensou algo semelhante a essas palavras escritas por Hansel quando soube que sua coluna estava quebrada: "A vida que sempre conheci não voltará jamais".

Esses exemplos são evidentemente extremos. Algumas provações são grandes, destruidoras e perpétuas. Outras, porém, podem apenas alterar o seu dia, sua semana, o próximo mês. Por exemplo, Corrie ten Boom mencionou "o toque do telefone". Todas nós já recebemos telefonemas que anunciam provações e mostram que a vida que conhecemos jamais voltará a ser a mesma. Uma amiga contou-me a respeito de quatro telefonemas que recebeu no correr dos anos e os efeitos na sua qualidade de vida.

- ❦ O telefonema Número Um anunciou que sua sogra estava no hospital. Transformou o seu dia... ou mais dois. Ela cancelou seus compromissos e foi para o hospital ajudar a sogra.
- ❦ O telefonema Número Dois anunciou que seu pai precisava de um marca-passo. Essa chamada provocou uma reviravolta em várias semanas de sua vida,

enquanto cancelava todos os compromissos, telefonava para a empresa de aviação, marcava um voo e partia naquela tarde para ajudar os pais.

❧ O telefonema Número Três anunciou que seu filho havia sofrido um acidente de carro. O filho estava bem, mas a chamada transtornou as condições financeiras da família durante os quatro anos seguintes, enquanto lutavam para conseguir o dinheiro para o conserto do carro e para o seguro mais elevado do automóvel para um adolescente.

❧ O telefonema Número Quatro anunciou que ela estava com câncer. Como você pode imaginar, esta chamada mudou o seu dia e todos os seus amanhãs. Na verdade, mudou a vida dela para sempre.

Você já se deparou com várias provações, enfrentou um momento crítico ou dois, ou até mais, atendendo ao telefone. Eu também. Você conhece muito bem a variedade de mensageiros que anunciam problemas. Mas agora sabe qual será o seu próximo passo: considerar motivo de toda alegria cair em dificuldades.

Experimentando várias provações

A variedade é o tempero da vida. Porém, talvez seja também o tempero das provações. A segunda palavra de Tiago sobre descobrir a solução dos problemas é compreender que iremos "passar por várias provações". As provações são de todo tipo, tamanho e intensidade. Poderíamos também dizer que iremos "passar por *muitas* provações", muitas vezes e em ocasiões diversas.

O significado de nossas dificuldades também varia, o que não enfatiza o número, mas a diversidade. Elas nunca são iguais. As provações nunca são as mesmas de pessoa para pessoa. São como flocos de neve, cada um é único e diferente. Isto significa que você não pode comparar as situações de sua vida ou de seu marido, ou de seus filhos, com mais ninguém.

Por exemplo, quando o meu Jim era um reservista do exército durante a Guerra do Golfo, ele foi encarregado de entrevistar os homens e mulheres que iam para lá. Devia ajudar também a família deles em tudo, desde finanças até emocionalmente. Alguns soldados receberam telefonemas comunicando que partiriam no próximo avião. Esta foi uma grande provação que eles e suas famílias tiveram de enfrentar.

Minha provação foi diferente. O exército colocou Jim em alerta e eles disseram que pusesse a sua mochila perto da porta da frente e esperasse... esperasse... e esperasse mais um pouco. Durante cinco meses esperamos por um telefonema que enviaria Jim ao Golfo Pérsico. Nesse período eu lhe disse: "Sei como lidar com a sua partida. Logo que nos casamos você passou por seis meses de treinamento no exército. Você também viaja tanto em missões que aprendi a virar-me na sua ausência. No entanto, é difícil para mim suportar esta espera pelo som do telefone". Esperar era a provação que Deus tinha para mim, e esse foi o teste

> *As provações não são as mesmas em relação a cada pessoa. As provações são como flocos de neve, cada um é único e diferente.*

mais duro. Para outras esposas, a pior situação talvez fosse ver os maridos realmente partirem.

Veja outro exemplo. Conheci duas mulheres que perderam seus maridos. Para uma delas, a morte do marido foi instantânea, sem qualquer previsão ou aviso. Ele saiu de carro para uma viagem de negócios, ela abanou a mão casualmente para ele, ainda de roupão, segurando uma xícara de café... e nunca mais o viu vivo. Para ela o toque do telefone naquela noite é que a fez passar pela provação, dando-lhe a notícia da morte do cônjuge.

O marido de minha outra amiga nasceu com uma moléstia congênita. Ele sabia que sua vida seria curta. Quando se casou com minha amiga, os dois sabiam que estavam vivendo em tempo tomado por empréstimo. De fato, Deus lhes deu dez anos a mais do que os médicos haviam previsto. Deus deu-lhes tempo para constituir família e criar os filhos. Quando o marido e pai começou a degenerar, teve tempo no hospital para conversar com a mulher, ministrando-lhe conselhos de liderança e orientação, consolo e amor, palavras às quais se agarrar no futuro. Teve tempo para conversar com cada filho, expressar o seu amor e exortá-los a viver como cristãos sinceros.

A situação dessas duas nobres mulheres nos mostra o significado da referência de Tiago à variedade das tribulações. As duas perderam o marido, mas houve uma diferença nas circunstâncias que tiveram de enfrentar. Um casal viveu cada dia com a sombra da morte sobre si. O outro casal não teve um aviso. Houve variação de intensidade durante as suas provações, variedades no tempo envolvido em suas dificuldades e variedades na extensão e resultados dessas provações.

Dando um passo à frente

Quando você cair e enfrentar suas várias provações — também conhecidas por golpes, obstáculos e problemas sem solução — deixe que estas verdades ou passos guiem você pelo caminho de Deus.

Passo 1: Verifique se o acontecimento não é consequência de algum pecado, falta ou escolha errada de sua parte. Não há lugar para a alegria quando o pecado está envolvido. Confesse depressa quaisquer atos de desobediência a Deus se for este o caso e depois prossiga.

Passo 2: Recuse-se a comparar sua provação ou seu sofrimento, ou sua vida, com a de qualquer pessoa. Este é um princípio ensinado nas Escrituras:

- Você não deve comparar-se ou ao seu dilema com outros. Fazer isto não é sensato (2Co 10.12).
- Você é feitura dele (Ef 2.10). Não compare como Deus decide trabalhar na sua vida com os métodos e meios que ele usa para outros.
- Você foi salva e chamada por Deus conforme o propósito dele (2Tm 1.9). As suas provações ajudam a levar você ao propósito do Senhor.
- Você pode descobrir alegria e prazer em todos os tipos de provação. Em 2Coríntios 12.10 encontramos pelo menos cinco variedades diferentes de sofrimento.
- Você pode tudo por meio de Cristo (Fp 4.13). Isto inclui considerar as suas provações como alegria e passar por elas sem desanimar.

Passo 3: Peça alegria e capacitação de Deus enquanto anda pelo caminho dele em meio às provações. Ore também pelo desejo autêntico de seguir a simples instrução de "considerar tudo como alegria". Verá assim crescimento considerável em sua vida espiritual... e na sua alegria!

Passo 4: Compreenda que Deus sofreu. Jesus foi açoitado, esbofeteado, traído, humilhado e assassinado. Todavia, "Em troca da alegria que lhe estava proposta, suportou a cruz, não fazendo caso da ignomínia" (Hb 12.2).

Passo 5: Saiba que benefícios podem resultar de seus problemas. Suportar com sucesso as tribulações testa a sua fé e fortalece e amadurece você, tornando-a "perfeita, íntegra, em nada deficiente" (Tg 1.4).

Passo 6: Não esqueça de orar. Você deve orar, orar, orar a respeito de tudo, a qualquer momento, o tempo todo — pelo seu dia e pelos eventos desconhecidos que terá de enfrentar, pelos telefones e campainhas que certamente irão tocar!

Passo 7: Veja os resultados finais. O propósito das provações não é derrotar você, mas tornar você uma vencedora. Não chegam para enfraquecê-la, mas sim torná-la mais forte. Quando você tiver percorrido com sucesso o caminho de Deus em meio a cada dificuldade, ficará mais forte, mais paciente e mais capaz de enfrentar a vida e suas exigências. A alegria será sua enquanto anda com Deus pelo caminho dele rumo a mais sabedoria, fé e serviço.

PARTE 2

Tornando-se uma mulher equilibrada

*Perseverança não é uma submissão passiva às circunstâncias —
é uma resposta vigorosa e ativa aos eventos difíceis da vida.
Não é um suportar passivo, mas a qualidade de ficar em pé
enquanto se enfrenta temporais. Não é simplesmente a
atitude de resistir às provações, mas a habilidade de
transformá-las em glória, para vencê-las.*

Tornando-se uma mulher equilibrada

5

Procurando bênçãos

❧

Sabendo que a provação da vossa fé [...] produz paciência.

Tiago 1.3

Espero que você tenha sido abençoada por conhecer várias mulheres muito estáveis. Você nunca mais será a mesma depois de ter encontrado uma delas. Jamais esquecerei a primeira mulher cristã que conheci como um exemplo de equilíbrio. Quando me tornei cristã, aos 28 anos, Jim e eu começamos a participar da igreja. Vim a conhecer a mulher do professor de nosso grupo da escola dominical. Ela era muito amável e se colocava sempre à nossa disposição. Tomou-me sob as suas asas como mentora. Sempre que voltava para casa depois de um de nossos encontros, eu dizia ao meu marido repetidamente: "Oh, Jim, ela é uma rocha. Uma verdadeira rocha! Não é de admirar que seu marido seja um homem forte. Não é de admirar que ela tenha um ministério tão positivo para as mulheres em nossa classe. Ela é uma rocha sobre a qual todas nós podemos nos apoiar, e de quem podemos depender".

Minha nova mentora era constante, firme e segura. Mulheres assim impactam poderosamente todos os que cruzam o seu caminho. São torres de força, fornecendo um exemplo piedoso do tipo de mulher que Deus quer que sejamos. Esse é um alvo que Deus tem para nós e que deve ser também nosso. Queremos nos tornar mulheres de Deus equilibradas!

A vida é na verdade rica e plena. Há tanto a fazer como cristãs para auxiliar as pessoas em nossa vida. Fazer isto exige que sejamos também firmes. Em Tiago 1.3, Deus nos mostra como isto acontece:

A provação da vossa fé produz perseverança

Em outras palavras, Deus usa as provações para produzir perseverança em você. As provações desenvolvem a paciência em seu caráter, levam à firmeza e desenvolvem a persistência. Criam resistência, fazendo que você se torne uma mulher equilibrada.

Ouvindo as boas-novas de Deus

Enquanto continuamos a aprender como navegar por entre experiências difíceis à maneira de Deus, sua Palavra chega a nós com grande encorajamento. Até aqui encontramos um fato e uma verdade que inicialmente pareciam notícias negativas. *Teremos* provações... *muitas* provações. Teremos igualmente uma *variedade* de provações. Agora, porém, recebemos as boas-novas de Deus... e mais passos que podemos dar para descobrir o caminho dele em meio às nossas tribulações. Deus nos dá esperança para os nossos corações confusos, doloridos. Por intermédio de Tiago, ele faz uma promessa: a prova da sua fé produz "perseverança". Em outras palavras, o teste da sua fé produz equilíbrio!

> *O equilíbrio nos aguarda no final de nossas tribulações e provas.*

Quando leio esse versículo, — e conto as boas-novas de Deus, vejo imediatamente dois fatos encorajadores:

Esta é a "prova" da minha fé. Não se trata de despedaçá-la ou esmagá-la.

Há um prêmio aguardando por mim no final do processo. É a qualidade de caráter da perseverança. Deus promete que o resultado de qualquer teste da minha fé nele será positivo.

Pense nisto. Atributos que você e eu desejamos ardentemente (e dos quais precisamos!): paciência, perseverança e firmeza se desenvolvem depois de sermos testadas. Uma vida equilibrada não vem automaticamente. É resultado dos rigores e desafios das provações. Apesar do processo aparentemente negativo, há uma mensagem positiva, transformadora de vida: o equilíbrio nos aguarda no final de nossas provações e testes. É isto que Tiago diz. Podemos ter certeza de que a prova da nossa fé produz paciência.

Delineando o nosso poder de equilíbrio

O que é exatamente uma mulher estável, uma mulher equilibrada? E como você a reconheceria? Ela é alguém que suporta o que quer que a vida lhe traga. Não desmorona sob pressão. Persiste. Para ela não há permissão para deter-se, não há saída. Não há desistência ou transigência. Não há desculpas. Ela continua caminhando, permanecendo em pé até o fim.

Isto não é tudo. Uma mulher equilibrada é aquela que é firme. Não se deixa abater ou afetar. Como a minha primeira mentora, ela é uma rocha. É constante, calma, nunca caprichosa, vacilante ou indecisa. É firme e fixa. Não é instável. É fiel e sólida.

Ao refletirmos sobre esse traço admirável (e raro!), estou certa de que, se você se dispusesse a listar os objetivos de uma vida, jamais sonharia em estabelecer como alvo a instabilidade. Jamais esperaria tornar-se alguém que desiste facilmente, que é infiel ou fraca. Não, você desejaria ser uma mulher fiel até o fim: persistente, perseverante, firme, constante. Uma cristã sólida. Em suma, uma rocha. Essa característica difícil de alcançar vem com uma etiqueta de preço elevado, pois se desenvolve em meio à turbulência. É cultivada em meio à dor e problemas, em meio a desafios e tribulação. Nas palavras da declaração feita no início da Parte 2, a estabilidade e o equilíbrio incluem a qualidade de manter-se em pé ao enfrentar as tempestades.

Olhando para o fim

Estou certa de que seus dias e semanas são bem parecidos com os meus — longos, difíceis e cheios. Antes de meu despertador tocar pela manhã sei que não há possibilidade de cumprir tudo a que me propus... e isto se tudo funcionar normalmente! Porém, como você sabe muito bem e como

Tiago nos informa, cada dia contém os seus desvios surpreendentes, suas curvas, seu plano B... plano C... e algumas vezes até o plano D! Em resumo, as suas provações.

Duas práticas me ajudam a atravessar cada dia, levando-me a buscar as bênçãos de Deus espalhadas ao longo do meu caminho. A primeira é concentrar-me no fim. Fixar meus olhos para além do trabalho que estou fazendo no presente. É claro que fico à espera do fim de cada dia e do conforto de minha maravilhosa cama. Concentro-me também nos propósitos finais para os quais vivo cada dia — os alvos que tenho para servir o Senhor, servir meus entes queridos e servir os que me rodeiam. Esses propósitos são a base de minha vida e do meu trabalho. São a *razão* de tudo o que faço e sonho realizar. Meu desejo é abençoar. Quero usar toda a energia de que disponho para fazer meu melhor. Assim, dedico meu tempo e minhas forças às melhores causas para os melhores resultados.

O segundo hábito que me faz prosseguir nos desafios de cada dia é relembrar à noite tudo o que foi realizado. Com meus dias ocupados — e as provações inesperadas que enfrentei — é fácil censurar-me pelo que não foi feito e esquecer-me de dar graças a Deus pelo que *foi* feito. Quando foco as bênçãos do dia em lugar de suas falhas, vejo claramente a graça de Deus, aprecio a sua capacitação, reconheço a sabedoria que ele me deu durante o meu andar... e comemoro a alegria triunfante de me apoiar nele em meio aos vários tipos de provação que me deparei. Conto as ocasiões em que Deus me ajudou em cada dificuldade que enfrentei durante o dia.

68 ❦ Descobrindo o caminho de Deus nas provações

Os santos no decorrer do tempo mantiveram os olhos nas recompensas futuras e nas bênçãos em seus momentos de provação. Examinaremos de perto os homens e mulheres de fé apresentados na "galeria da fé" encontrada em Hebreus, capítulo 11 p. 108s. A perseverança deles me abençoa e inspira, e sei que o mesmo ocorrerá com você. Por enquanto, porém, quero que se concentre nos benefícios que irá experimentar à medida que olhar para o futuro, para o crescimento que a espera do outro lado do teste. Ouça o coração do apóstolo Paulo, alguém que sofreu muito, mas manteve-se firme, "avançando para as coisas que diante de mim estão" (Fp 3.13). Paulo manteve o coração e os olhos fixos em prosseguir "[...] para o alvo, para o prêmio da soberana vocação de Deus em Cristo Jesus" (v. 14). Ele escreveu sobre benefícios do sofrimento:

> *Aprendemos a esperar calmamente pela ajuda de Deus e pelo bem que ele promete que será revelado.*

- ❦ "Nos gloriamos nas tribulações, porque sabemos que a tribulação produz perseverança; a perseverança, um caráter aprovado; e o caráter aprovado, esperança" (Rm 5.3,4, NVI).
- ❦ "Sabemos que Deus age em todas as coisas para o bem daqueles que o amam, dos que foram chamados de acordo com o seu propósito" (Rm 8.28, NVI).
- ❦ "Porque a nossa leve e momentânea tribulação produz para nós eterno peso de glória, acima de toda

comparação, não atentando nós nas coisas que se veem, mas nas que se não veem" (2Co 4.17,18).

A mensagem de Deus por intermédio de Paulo é fácil de entender. Ele nos diz que o sofrimento produz caráter. Através das provações obtemos estabilidade: perseverança. Aprendemos a esperar calmamente pela ajuda de Deus e pelo bem que ele promete que será revelado. Tornamo-nos mais estáveis ao confiarmos nele.

Dando um passo à frente

Gosto do ministério que Deus me deu, escrever e falar, porque posso comunicar-me com um bom número de mulheres cristãs. É quase impossível dar conta de todos os *e-mails*, cartas e telefonemas que recebo — um fardo esplêndido para mim. Encontro e converso também com muita gente quando viajo para ministrar cursos.

Quando ouço mulheres derramarem seus corações, desabafando sobre seus problemas, entendo melhor a referência de Tiago a várias provações e tipos de sofrimento. Minhas irmãs em Cristo estão envolvidas em problemas físicos, mentais, sociais, econômicos, espirituais, e também em questões pessoais e familiares. Cada

> *Deus já providenciou tudo que você precisa para viver este único dia, à maneira dele!*

mulher tem uma variedade de provações. Multiplique isto por toda a população feminina e irá compreender rapidamente o escopo de tribulações que nos assediam!

O que você pode fazer para *permanecer* no caminho de Deus em suas multifacetadas dificuldades pessoais? Veja essas ideias:

Passo 1: Olhe para a frente. Concentre-se no futuro. Recuse-se a olhar para trás... para o dia de ontem mais livre de cuidados... para as bênçãos do ano passado, que foi "o melhor ano de todos"... para a trajetória de outros (que geralmente tende a parecer menos pedregosa e exigente que a sua). Deus colocou *este* dia na sua frente, completo, com seus desafios únicos. Além disso, ele já providenciou — e irá suprir momento a momento, passo a passo — tudo de que você precisa para viver este único dia à maneira dele (2Pe 1.2-4). Deus estará com você durante todo o caminho.

O que lhe espera à frente? Tiago diz que Deus promete paciência e perseverança, aquele equilíbrio precioso e sem preço. O "muito bem, servo bom e fiel" de Deus estará também aguardando você ao fim de cada dia e no ocaso de sua vida.

Passo 2: Concentre-se no que é positivo. Observe cuidadosamente o caminho (você tem de *descobrir* o caminho de Deus e *andar* nele), mas não esqueça de olhar para o alto. Quaisquer que sejam os desafios que encontre no caminho durante o seu dia, você tem a ajuda de Deus. As mulheres contam muitas coisas durante o dia, inclusive carboidratos, calorias e somas totais dos talões de cheque. Observamos nosso peso e calculamos o uso de nosso tempo (esperamos que produtivamente). Porém, o salmista nos adverte para bendizer o Senhor e não esquecer de nem um só de seus benefícios (Sl 103.2). Ao final de cada dia lembre-se da bondade de Deus e conte os muitos benefícios recebidos.

Passo 3: Concentre-se nas promessas de Deus. Tiago estava pensando no futuro quando escreveu: "Bem-aventurado o homem que suporta, com perseverança, a provação; porque, depois de ter sido aprovado, receberá a coroa da vida, a qual o Senhor prometeu aos que o amam" (Tg 1.12). Pedro contemplava também o futuro ao encorajar seus leitores a pensarem nas bênçãos prometidas — a "[...] herança incorruptível, sem mácula, imarcescível, reservada nos céus para vós" (1Pe 1.4). Como crente em Jesus Cristo, estas promessas e muitas outras lhe dão forças e consolo, não importa o que lhe aconteça ou quais as provações tenha de suportar.

Quando você fica perto de Deus, permanecendo no caminho em meio às provações, pode ter a certeza de desenvolver uma relação mais profunda com ele. Como ele mesmo prometeu, você irá:

- Conhecer o amor prometido
- Experimentar o seu cuidado prometido
- Participar de sua provisão prometida
- Receber a sua sabedoria prometida
- Gozar da sua graça prometida
- Contemplá-lo face a face no final da sua jornada

Passo 4: Enfrentar suas aflições sabendo que Deus está ao seu lado. Deus não só é soberano em tudo que toca a sua vida — inclusive as provações — como está com você a cada passo ao longo do caminho das tribulações. Ele irá ajudar você através de cada dificuldade que encontrar. Quando passar pelas águas e andar pelo fogo, ele estará com você (Is 43.2). Quando caminhar pelo vale da sombra da morte, ele vai estar com você (Sl 23.4). Como a cúpula de uma grande catedral que suaviza e abranda cada nota musical e cada ruído, a providência de Deus suaviza e abranda toda e qualquer aflição, sofrimento, perda e provação que encontrar. A sua força está disponível para você, dando-lhe poder e capacitando você a firmar-se nos próprios pés ao enfrentar as tempestades. Ele vai ajudá-la a superar seus fardos e transformá-los em glória.

*Se não crermos em Deus quando as circunstâncias
estão contra nós, não cremos absolutamente nele.*

CHARLES H. SPURGEON

Tornando-se uma mulher equilibrada

6

Mudando a sua perspectiva

❧

Vocês sabem que a prova da sua fé produz perseverança.
Tiago 1.3, NVI

Devido a uma série de "provações" com um carro mais velho, Jim e eu fomos dar uma olhada em uma concessionária de automóveis. Durante a pesquisa, testamos um carro novo e o vendedor permitiu que cada um de nós o dirigisse. Quando chegou a minha vez, o homem me recomendou que fosse para a autoestrada. Depois de alguns minutos na faixa lenta, ele gritou: "Vamos! Você está brincando com o carro. Está dirigindo como uma vovozinha. Pressione o pedal até o fim e vai ver a potência deste carro". Percebi que ele queria que eu realmente *testasse* o carro, forçasse o motor, ultrapassasse a velocidade normal. Você já deve ter tido essa mesma experiência.

Ou quem sabe você comprou um artigo de pano e notou uma etiqueta pregada no material com um número ou nome.

Essa etiqueta significa que a sua peça de roupa passou pela inspeção do controle de qualidade. Ela foi testada, experimentada, examinada e passou na prova.

Nos Estados Unidos há um comercial que anuncia: "Equipe de Destruição Frutos do Tear" — homens e mulheres cujo trabalho é esticar e forçar tecidos com a marca dessa firma. Fantasiados de toda espécie de frutas, eles submetem as roupas íntimas a testes rigorosos para provar que são de primeira qualidade antes que cheguem ao mercado.

Esses exemplos nos dão uma ideia das palavras de Tiago sobre a prova da nossa fé. Ele escreve que "a provação da vossa fé [...] produz perseverança" (Tg 1.3). Como o meu teste de direção, o teste do tecido e de tantos outros itens para assegurar que a mercadoria é legítima e resistente, nossos testes e tribulações destinam-se a revelar que nossa fé é real, genuína.

Suportando a pressão

"A provação da vossa fé [...] produz perseverança." As tribulações que vêm de fora são os testes usados por Deus para desenvolver paciência, persistência e equilíbrio em nós. A marca Número Um de uma mulher estável é que ela foi testada e aprovada em várias áreas de sua vida e de sua fé. Resistiu repetidamente às pressões e provações. Passou por múltiplos testes. Ela é o suprassumo!

Como já discutimos, nossa prova espiritual — a prova da nossa fé — tem o propósito de revelar a força da nossa fé em Deus. Os testes não se destinam a nos abater nem enfraquecer. São aplicados porque Deus sabe que *podemos* ficar em pé debaixo deles. Ele sabe que podemos lidar com a pressão...

ou devemos aprender a confiar nele e invocá-lo para ajudar a controlar a pressão. Sabe também que se não passarmos no teste desta vez, depois de repetidas oportunidades, iremos eventualmente resistir à prova em que falhamos inicialmente. Portanto, ele aplica testes várias vezes, alguns deles usando circunstâncias diferentes, até que passemos, para que também saibamos que podemos resistir à pressão. Por exemplo:

- Sansão falhou repetidamente em seu papel como juiz de Deus e líder do seu povo, decidindo em vez disso seguir os seus desejos egoístas e pecaminosos. Porém, no fim de sua vida, ele passou no teste final de Deus: entregou-se generosamente, morrendo para cumprir os propósitos de Deus e por seu povo.

- Pedro falhou em resistir à pressão e negou Cristo quando interrogado por uma criada desconhecida e humilde. Todavia, mais tarde, Pedro enfrentou os mais poderosos líderes judeus em nome de Cristo, tornando-se tudo que o nome dado por Jesus significava para ele — "Pedro, a rocha". Segundo a tradição, Pedro morreu como mártir por não desistir de sua fé em Cristo.

- João Marcos falhou tristemente quando se dobrou à pressão ao primeiro golpe da perseguição e abandonou a equipe missionária de Paulo. No entanto, anos mais tarde, depois que o tempo e as provações haviam amadurecido João Marcos, Paulo pediu-lhe que fosse cuidar dele e ajudá-lo enquanto se achava

78 · Descobrindo o caminho de Deus nas provações

preso. João Marcos se tornara útil para o ministério de Paulo (2Tm 4.11).

Permanecendo firme em meio à aflição

Em certa época pertenci a um Clube do Livro em nossa igreja que se reunia uma vez por mês. Nós quase sempre líamos biografias de cristãos. Um desses livros, agora fora do prelo, *The persecutors* (*Os perseguidores*), contava a história de um esquadrão especial de soldados russos com ordens para atormentar e torturar os crentes em Cristo. Os cristãos oprimidos, entretanto, nunca vacilaram em sua fé, permanecendo resolutos e firmes — pacientes! — enquanto confiavam em Deus em meio a sofrimentos e maus-tratos insuportáveis e até à morte. Os que infligiram tal miséria sobre aqueles santos só puderam chegar a uma conclusão: não havia absolutamente motivo para aquelas pessoas torturadas resistirem a tal tratamento... a não ser que Deus existisse e seu Filho pudesse realmente oferecer salvação e perdão de pecados. Como resultado do testemunho da sua fé, muitos dos perseguidores creram que Deus poderia dar a salvação e o perdão de pecados tão terríveis quanto aqueles que eles, o esquadrão de tortura, haviam cometido. Aqueles policiais russos se converteram ao cristianismo.

Isso é que era uma tremenda provação! Em nosso grupo de leitura, todas as participantes se viram quietas, em uma atitude reflexiva e humilde, respeitando aqueles crentes fiéis cujo compromisso com Cristo e confiança em Deus permaneceram fortes, capacitando-os a suportar tão horrível tratamento.

Uma mulher, depois de ler esse livro perturbador sobre a fé e a coragem daqueles cristãos russos, exclamou: "Espero passar no teste se algo assim vier a acontecer comigo. Espero que minha fé seja forte e real se isso suceder".

Lemos também as biografias de Corrie ten Boom, Jim e Elizabeth Elliot, John e Betty Stam, Helen Roseveare, Madame Jeanne Marie Guyon e William Carey. Cada uma dessas vidas inspiradoras foi atravessada por sofrimento, perseguição, dor, tortura, privação, perdas, até a morte que esses santos tiveram, todas elas causadas pela sua fé em Jesus Cristo, por serem pessoas de fé.

Adivinhe então o que aconteceu! Depois da discussão de cada livro, a mesma mulher em nosso clube do livro repetiu seu comentário: "Espero passar no teste se algo assim vier a acontecer comigo. Espero que minha fé seja forte e real se isso suceder". Imaginar-se nesse tipo de situação crítica era algo evidentemente difícil para ela, e a oração de seu coração era que sua fé resistisse. Creio que ela foi sincera o suficiente para verbalizar o que nós todas estávamos pensando.

Ao enfrentar cada dia e seus problemas, é importante que você saiba que a fé e a confiança em Deus são reais. Genuínas. A fé verdadeira lhe possibilitará atravessar cada dificuldade no transcorrer da sua vida. O pastor britânico Charles H. Spurgeon observou: "Se não crermos em Deus quando as circunstâncias estão contra nós, não cremos absolutamente nele."

Definindo a fé

Até aqui, sabemos que provações virão (Tg 1.2,3). Sabemos igualmente que a provação é proveitosa, produzindo paciência ou perseverança (v. 3). Precisamos agora ficar atentas enquanto Tiago nos ensina mais um pouco. Ele nos diz o que está sendo testado: a nossa *fé* (também v. 3).

O que é fé? Muito tem sido escrito para responder a esta pergunta. Todavia, a resposta curta é que fé é crer ou confiar.

Ampliando esta resposta curta, fé é confiança em Deus e obediência a ele.

Mais especificamente, fé — *autêntica e salvadora* — é crer no Senhor Jesus Cristo, submetendo-se completamente à autoridade de Cristo e colocando absoluta e exclusiva confiança nele para a salvação, perdão dos pecados e certeza e glória da vida eterna.

Fé salvadora em Cristo nos leva então a *atos* diários, práticos, de fé e submissão em todas as áreas da vida com relação às verdades que Deus revelou na Bíblia.

Provando a sua fé

Vamos examinar o que *não é* ser provado. Seu corpo não está sendo testado, embora possa estar envolvido no processo. Um dos servos de Deus, o apóstolo Paulo, sofreu de "um espinho na carne" (2Co 12.7). Todavia, depois de orar três vezes pedindo que fosse removida a aflição, Paulo rejubilou-se porque a graça de Deus era de fato suficiente e gloriou-se nessa verdade. Nada havia mudado, o "espinho" continuava ali, mas a fé de Paulo aprofundou-se mais.

As suas emoções também não estão sendo testadas, embora as suas provações possam fazê-las aflorar e você venha até a se sentir à beira de um colapso. Suportar maus-tratos, assistir ao sofrimento ou à morte de um ente querido, viver sob o mesmo teto com um adolescente que não se comunica, compartilhar sua vida com um marido alcoólatra — essas e outras numerosas provações evocam emoções fortes. A Bíblia adverte os cristãos a controlarem suas emoções, a passarem pelas provações com *domínio próprio* (Gl 5.23).

O que então está sendo provado? É a sua fé. A fé é constante quando as circunstâncias são positivas. Contudo, quando os tempos são adversos, a sua fé em Deus é posta em ação e oscila. Diz um ditado popular: "A adversidade é a universidade de Deus". É sua ferramenta de ensino. Fé provada resulta em caráter provado. A provação aumenta a sua capacidade de suportar o sofrimento físico, ensinando-lhe a usar sua mente para encarar a vida e as dificuldades através dos olhos de Deus, da perspectiva dele, que quase sempre será bem diferente da nossa — conforme diz a Bíblia: "Porque os meus pensamentos não são os vossos pensamentos, nem os vossos caminhos, os meus caminhos" (Is 55.8). À medida que você obtém constante autocontrole e administra sua vida apoiada na rocha da fé, suas emoções insensatas serão domadas.

Caráter de rocha é a marca da mulher estável. Não há atalhos para alcançar isto. O caráter sólido, difícil de obter, não nos é dado na salvação. Não é conseguido pelos nossos feitos ou pelo número de anos em que cremos em Cristo. Não é comprado ou concedido a nós. O caráter não tem nada a ver com nossos corpos... ou emoções... ou mesmo nossa mente. Não, é a fé testada e provada que abre caminho e suporta dificuldades que produzem um caráter excepcional.

Outros cuja fé foi provada

Se você leu algum de meus livros, sabe que uma de minhas paixões é estudar as mulheres da Bíblia. É algo muito interessante para mim, pois, como disse, não me criei em um ambiente cristão, só me tornei cristã aos 28 anos. Nessa ocasião, estava casada havia 8 anos e tinha duas filhas, de 1 e 4 anos de idade. Quando você vive tantos anos com pouco ou nenhum conhecimento da Bíblia, sem ser exposta à sua sabedoria e ensinamentos e sem conhecer Jesus Cristo, a vida acaba sendo bastante desanimadora. Quase todo dia é um fracasso. Não há princípios sólidos ou regras de vida para tomar decisões... ou ser uma boa esposa ou boa mãe.

No dia em que fui introduzida às verdades sobre Cristo — que ele era o Filho de Deus, que morrera pelos nossos pecados, que eu (por sua graça) poderia recebê-lo como Salvador, que poderia nascer de novo, receber perdão de todos os meus pecados, ter uma nova vida, um novo começo, participando da promessa da vida eterna dada por Deus — comecei imediatamente a consumir a Palavra de Deus na pequena Bíblia que encontrei em nossa biblioteca. Ao ler o Livro de Deus, comecei a encontrar as muitas e magníficas mulheres da Bíblia.

São exemplos de fé, de crença e confiança em Deus, de mulheres que enfrentaram muitas dificuldades em suas trajetórias de vida. Todavia, agarraram-se a Deus, confiaram nele e andaram com ele em meio a suas provações. Descobriram a ajuda de Deus para cada dificuldade que encontraram.

> A *esposa de Noé* foi uma das oito pessoas que creram e obedeceram a Deus. Quando Deus disse: "Entra na arca" (Gn 7.1), Noé, sua mulher e toda a família enfrentaram a maior enchente que a terra já experimentou.

Mudando a sua perspectiva 83

❦ *Rebeca* disse ao pai "eu vou" quando o servo de Abraão pediu-lhe para acompanhá-lo de volta à casa de Abraão para casar-se com Isaque, sem tê-lo visto antes (Gn 24.58).

❦ *Miriã* seguiu seu irmão Moisés, guiando as mulheres para a terra seca que apareceu milagrosamente quando o mar Vermelho se abriu. Ela não teve medo por sua vida, mas creu que a segurança e uma existência melhor a aguardavam no caminho através das águas que se levantaram como paredes à direita e à esquerda (Êx 14.21,22).

❦ *Rute* deixou tudo que conhecia para ir com sua sogra Noemi para uma terra desconhecida, por decidir que o Deus de Noemi, o Deus único e verdadeiro, seria o seu Deus (Rt 1.16).

❦ A *viúva de Sarepta* entregou seu último punhado de comida para alimentar o profeta Elias, confiando no Deus de Elias (1Rs 17.12-15).

❦ *Ester* confiou seu futuro a Deus quando arriscou a vida para salvar seu povo, declarando: "Se perecer, pereci" (Et 4.16).

❦ *Isabel* encontrou alegria no Senhor, embora tenha sofrido diariamente durante muitas décadas por causa do estigma da esterilidade (Lc 1.7).

Nunca me canso das histórias dessas mulheres, exemplos verdadeiros de uma fé autêntica, modelos de mães para aquelas como eu que não tiveram mãe. E estão sempre à nossa disposição, em nossas amadas Bíblias. Cada uma delas

84 ❧ Descobrindo o caminho de Deus nas provações

foi provada, de maneiras ordinárias e extraordinárias. Cada uma dessas mulheres passou por dificuldades como um bom soldado de Jesus Cristo (2Tm 2.3).

Elas também caíram e falharam. Cada uma também prosseguiu — marca verdadeira da fé legítima e um aspecto característico da mulher estável. Elas continuaram caminhando. Continuaram crendo. Continuaram confiando no Deus Todo-poderoso, saboreando finalmente o fruto da sua fé, tornando-se participantes do conhecimento celestial.

Dando um passo à frente

Até que ponto a sua perspectiva sobre as suas tribulações é espiritualmente saudável? Que tal mudar de perspectiva? A maioria considera a "provação" como negativa. Você provavelmente detestava as provas da escola (eu detestava!), assim como odiou o teste para tirar a carta de motorista. Teve medo dos métodos de seleção para o novo emprego. Provavelmente passou em alguns e foi reprovada em outros. (Admito que tive de fazer o exame de motorista no Estado de Washington duas vezes antes de passar. Gostaria que visse o meu enorme sorriso em minha carta de habilitação, que foi tirada minutos depois de ter finalmente passado!)

Porém, veja você agora! Aqui está você hoje, uma mulher muito mais forte, sábia, madura e estável. Você está mais inteligente, mais amadurecida e mais útil por ter sobrevivido — e até sobressaído — em muitos desses testes.

Espero que a esta altura você compreenda que as provas são uma coisa boa. Elas produzem efeitos positivos em sua vida. Portanto, por que ficamos tão perturbadas pelas provações que vêm sobre nós? Elas não são muito divertidas, não é? Ficamos envolvidas na dor, na angústia, no transtorno do momento. Em vez disto, precisamos vê-las como um modo de Deus nos aperfeiçoar, tornando-nos melhores mulheres, esposas, mães, filhas, avós, funcionárias e obreiras da igreja.

Talvez você tenha estranhado algumas questões do teste de ciências ou história, mas sua professora sabia a razão para as perguntas — para cada uma delas. Da mesma forma, você talvez não compreenda por que está sendo provada em certo aspecto. Mas Deus sabe.

> *Deus sabe que as provações são para o seu bem, que elas contribuirão para os propósitos dele e lhe trarão grande glória.*

Ele sabe que será para o seu bem no final, que irá contribuir para os propósitos dele e lhe dará grande glória à medida que atravessa cada teste e se torna mais confiável e útil para ele. Deus poderá então trabalhar ainda mais por meio de você, a fim de alcançar as pessoas com as boas-novas e cumprir a sua vontade.

Seja corajosa enquanto avança pelo caminho de Deus, atravessando suas provações presentes e futuras. Sinta-se encorajada ao compreender melhor o processo e o propósito desse teste de Deus, assimilando bem a sabedoria do adesivo que diz: "Seja paciente. Deus ainda não terminou comigo!"

O efeito da prova suportada corretamente é força para continuar resistindo e vencer batalhas ainda mais difíceis.[1]

Tornando-se uma mulher equilibrada

7

Fortalecendo a sua resistência

❦

Vocês sabem que a prova da sua fé produz perseverança.
Tiago 1.3, NVI

Quando Jim e eu nos casamos, nosso orçamento era modesto, típico dos casais que começam a vida. Assim, compramos a maioria dos nossos móveis em um mercado de pulgas. Certo dia, encontramos uma antiga cama de latão, lindíssima, alaranjada, quase preta pela oxidação do metal. As peças estavan encostadas na parede de uma lojinha suja, por trás de outros itens mais atraentes. O preço, porém, coube em nosso orçamento.

A velha cama logo tornou-se um tesouro para nós. Precisava, no entanto, ser limpa para que nos orgulhássemos dela. Carregamos então nosso achado para casa, montamos, e Jim pôs-se a trabalhar nas peças para ver o que podia fazer sobre a descoloração. Quando verifiquei o progresso de meu marido, fiquei alarmada ao ver que Jim não estava usando um pano macio para polir a cama de latão, mas trabalhava com lã de aço e um limpador corrosivo, esfregando vigorosamente o metal. No entanto, quanto mais esfregava, mais brilhante se tornava o latão. Era como se estivesse vivo, brilhando mais do que sonháramos.

Acontece o mesmo quando Deus nos prova por meio de tribulações. As provações dele nos são benéficas, trazendo à tona o melhor de nós. Provam do que somos feitas e o que aprendemos — ou não aprendemos — como cristãs. Revelam como crescemos — ou não crescemos. Esses testes são o "esfregar" vigoroso de Deus. Vemos então o envolvimento de Deus em nossas vidas como um fator positivo, por mais severo e difícil que seja na ocasião. Isto é possível porque os testes dele contribuem para a nossa estabilidade, para que seja forjado em nós um caráter de rocha, sólido e verdadeiro, capaz de resistir ao que quer que tenhamos de enfrentar.

Muitas vezes não compreendemos as razões e o propósito das provas. Nós as consideramos negativas e penosas. Mas devemos lembrar aquela velha cama de latão, de como ela brilhou depois de algum esforço. Recebamos os testes que Deus envia para nós. Iremos então resplandecer como troféus da sua graça.

Crescendo em paciência

Você às vezes se pergunta "O que há para mim nisto?" quando está passando por um período estressante? Tiago carregava no coração os cristãos sofredores a quem escrevia. Em sua maneira direta, ele não perdeu tempo, mas tratou

FORTALECENDO A SUA RESISTÊNCIA ❧ 91

de modo franco as provações deles. Não parou, porém, aí, voltando o foco para os resultados positivos — o que havia para eles naquela aflição prolongada. Tiago lembra e encoraja seus leitores (e a nós!) que "a provação da vossa fé [...] produz perseverança" (Tg 1.3).

No que você pensa ao ouvir a palavra *paciência*? Morder a língua enquanto espera que alguém pare de falar? Contar até dez para não detonar alguém? Esses não são mecanismos negativos, mas também não representam o tipo de paciência sobre o qual Tiago discorre. Ele se refere a algo muito maior: perseverança, firmeza e fortaleza. Minha tradução favorita de *paciência* é "poder de resistência".[2]

Pense no que a paciência e o poder de resistência significariam em sua vida diária. Você adquiriria a estabilidade de que necessita. Com mais perseverança, seria menos dispersiva, menos impulsiva e mais confiável. Por quê? Porque ficou firme nos testes que Deus lhe deu. Foi provada... e achada autêntica. Foi provada... e suportou. Cresceu e sabe agora que pode ficar firme na adversidade. Tem mais confiança e menos medo.

Paciência. Esta é uma palavra para "permanecer" ou "ficar firme", vivendo debaixo da pressão do teste enquanto permanece junto de Cristo. Significa habitar com ele quer numa cova de leões (como Daniel — livro de Daniel, capítulo 6), na fornalha (como os três amigos de Daniel — livro de Daniel, capítulo 20), em um navio no mar durante uma violenta tempestade (como Paulo — livro de Atos, capítulo 27) ou nas provações que você enfrenta no momento. Em qualquer dificuldade, você e Deus é que passam por ela. A paciência e a resistência crescem porque você fica firme até o fim! Fica até terminar o teste. Fica até que acabe. Isto é estabilidade!

Mais uma vez, essas são as boas-más novas de Deus. As más notícias são a realidade e a certeza das provações — todo o trauma, os testes, os aborrecimentos, a dor, a tribulação. Porém, aleluia! As boas-novas são que perseverar nas dificuldades leva a maior confiança em Deus — em seu caráter e em seu plano. Esta é uma colheita extraordinária!

O poder das recompensas

Você tem um sistema pessoal de recompensas? Ou seja, você por acaso diz a si mesma que algo especial foi planejado para você ao fim das provações? Algo que a anime a suportar as horas ou meses seguintes do tratamento médico, do câncer, do exame de laboratório, da entrevista de emprego... Se nunca fez isto, tente. As recompensas ajudam!

Quando meu marido estava elaborando sua tese de mestrado, eu me incumbi da datilografia — isso mesmo, em uma máquina de escrever — e ficava garantindo para mim mesma: "Eu consigo fazer esse sacrifício. Consigo aguentar porque, depois de terminado o trabalho, Jim e eu vamos tirar um fim de semana de férias juntos". É assim que funciona para mim. Posso lidar melhor com períodos de estresse porque há algo maravilhoso no final. Há uma recompensa à espera.

E agora sou escritora... abarrotada de prazos finais de publicação, uma porção deles. Prazos (ou seja, estresse!) fazem parte do meu estilo de vida. A cada dia, ainda antes de sair da cama, a nuvem do meu próximo prazo me envolve — mesmo que o sol esteja brilhando (uma raridade aqui no Estado de

Washington). O estresse dos prazos de publicação é um problema para todos os escritores.

Certo dia ouvi um CD gravado por um autor que estava resolvendo esse problema. Ele estruturou todo um sistema de recompensas para finalizar seus livros. Inseriu certas recompensas ao longo do sistema — recompensas diárias e semanais. À medida que o prazo de entrega do livro se aproximava, as recompensas se tornavam cada vez maiores. Ele usou a poderosa motivação que as recompensas oferecem para finalizar o seu trabalho.

Produzindo uma colheita de virtudes

Releia a declaração de Tiago: "A provação da vossa fé [...] produz perseverança". *Produz* é uma palavra usada na agricultura para indicar uma colheita ou lucro. A colheita ou o resultado que obtemos de nossas tribulações é crescimento na fé e na confiança em Deus, com o desabrochar da paciência, que se transforma em poder de resistência. Paciência é uma virtude que nos possibilita atravessar problemas em nossas vidas diárias. Podemos agradecer porque há muitas outras virtudes e recompensas colhidas como resultado das provações, inclusive confiança, coragem, constância e semelhança com Cristo.

Confiança. Por causa das provações, descobri que, quando me envolvo em uma situação difícil, posso pensar: "Já fiz isto antes. Já fiz isto dez vezes antes. Já fiz isto cem vezes antes. É isto que sei fazer... e posso fazer de novo". Ou, como preletora, posso subir a uma plataforma com confiança (embora meu coração esteja batendo forte e eu esteja orando a cada passo) e comunicar uma mensagem. Sei que posso fazer isso porque já me encontrei nessa situação muitas vezes. Sim, confio em Deus totalmente! Por ter-me feito atravessar fiel e sabiamente esse teste múltiplas vezes para compartilhar a sua Palavra e sabedoria com o público feminino, há poder de resistência em mim. A confiança vem com o poder de resistência.

Coragem: Ao enfrentar a provação, a coragem está ligada à experiência do conhecimento da presença de Deus. Ele tem estado verdadeiramente com você o caminho todo... em cada provação até agora. Você e ele já passaram várias vezes pela mesma situação. Ele vai ajudá-la a passar mais uma vez. Um senhor entendeu bem isso quando observou: "O efeito do teste suportado da maneira correta é força para suportar ainda mais e conquistar batalhas ainda mais difíceis". As batalhas que estão por vir são aquelas em que a coragem é necessária, coragem forjada no fogo das aflições.

Constância. Esta é para mim uma atitude ou abordagem que exprime: "Não importa o que aconteça. Vou tornar-me constante. De qualquer jeito!"

E a dor? Li a biografia de Billy Graham e soube que, durante uma de suas grandes cruzadas, ele escorregou em uma banheira do hotel e quebrou uma costela. Atravessou toda a cruzada pregando com uma costela quebrada *e* sem analgésicos! Recusou todos os medicamentos para dor porque não queria distorcer a Palavra de Deus de maneira alguma. Não queria ficar confuso ou perturbado ao comunicar a poderosa Palavra de Deus.

A dor é um teste. Ela pergunta: "Vai resistir até o fim? Vai suportar isto até o final? Será fiel?" A dor é apenas um teste da sua resistência. Você permanece constante ficando perto de Cristo, que "suportou a cruz" (Hb 12.2). Jesus poderia ter descido da cruz? Claro que sim! Mas ele permaneceu. Permaneceu ali para fazer a vontade do Pai. Permaneceu ali para ser o sacrifício perfeito pelo pecado, para que pessoas como você e eu tenhamos uma relação com Deus por meio dele. Da mesma forma que o Senhor, devemos permanecer em nossas situações, em nossas provações, em

> *As batalhas que estão por vir são aquelas em que a coragem é necessária, coragem esta forjada no fogo das aflições.*

nossas dificuldades. Devemos permanecer continuamente até que o teste termine.

E o cansaço? Um calouro de Harvard foi ao escritório do reitor para explicar por que se atrasara um pouco na entrega de um trabalho: "Sinto muito, senhor, mas não estava me sentindo muito bem". O reitor respondeu: "Rapaz, nunca esqueça que grande parte deste mundo é carregado nas costas por pessoas que não estão se sentindo muito bem".

O cansaço nunca é uma desculpa. De fato, é um teste. Se o cansaço for a nossa desculpa, teremos falhado na prova, e será preciso voltar ao fogo purificador (Zc 13.9). Devemos lidar com essa fraqueza, eliminando-a de nossas vidas. As mulheres equilibradas não cedem ao cansaço. Em vez disso, lutam contra ele. Elas permanecem constantes e prosseguem, aconteça o que acontecer.

Jamais esquecerei o encontro inaugural dos ministérios anuais das mulheres, realizado em nossa igreja no outono. Nós nos reunimos na manhã de sábado no ginásio de nossa igreja. Às nove horas nosso pastor devia cumprimentar as mulheres, entregar uma mensagem de encorajamento e orar pelo ano de ministério que se iniciava. Porém, adivinhe o que aconteceu na igreja na noite de sexta-feira? Um período de oração e jejum durante a noite inteira. Em nossa reunião, quando a mulher que fazia os avisos de púlpito não viu o nosso pastor, ela ponderou: "Olhem, acho que teremos de adotar o plano B. Não vi o nosso pastor. Ele devia estar cansado e foi para casa depois de nossa reunião de oração durante a noite".

Então, das sombras no canto, perto da porta dos fundos, veio nosso pastor, que havia saído um pouco enquanto ela fazia os avisos: "Estou aqui". Após uma noite sem dormir, liderando nossa igreja em um período de jejum e oração, ele foi ministrar para nós e nos abençoar com uma mensagem. Não apresentou desculpas. Perseverou. Permaneceu ali cumprindo a vontade de Deus!

O cansaço teria sido uma razão compreensível para a ausência dele? Claro que sim! Mas não para aquele homem de Deus maduro. Ele não permitiu que a falta de sono o impedisse de cumprir seu compromisso. Ele tinha poder de resistência? Absolutamente sim! Trabalhou o dia inteiro para a igreja. Depois ficou acordado a noite inteira no serviço de oração e na manhã seguinte ficou na igreja para pregar a sua mensagem. Não deixou que o cansaço interferisse com suas responsabilidades e propósito.

E a doença? A perseverança paciente significa que você vai até o fim mesmo quando está doente. Eu ensinei muitas vezes quando não me sentia bem. Fui a eventos e mantive compromissos quando levemente enferma. Aprendi a ir até o fim porque afirmei que faria isso. Quando assumo o compromisso de falar em algum lugar, as mulheres esperam que eu compareça. De minha parte, faço tudo o que posso para manter-me saudável, vou a médicos quando necessário e ponho em prática medidas que me ajudam nesse terreno. Nos últimos vinte anos, a única preleção que não fiz foi no fim de semana depois do ataque terrorista ao World Trade Center na cidade de Nova York, em 11 de setembro de 2001. Eu me encontrava em Manhattan e foram cancelados os voos durante aqueles dias caóticos, portanto, não pude comparecer ao meu compromisso. Meus alvos são fazer o melhor que posso para chegar aonde prometi e fazer o meu melhor quando chego lá. A doença é uma prova. Ela pergunta: "Você vai ficar? Vai ser fiel? Vai suportar?" Manter-se perto de Cristo e viver nele faz que atravessemos a provação da doença.

E a infelicidade? Em meus vários ministérios passei bastante tempo tanto com estudantes universitárias quanto com mulheres de carreira estabelecida. Uau! As emoções algumas vezes explodem, principalmente quando há um rompimento com um namorado que também frequenta a nossa igreja. A primeira coisa que muitas mulheres nesta situação pensam é: "Vou mudar de grupo na igreja. Assim não terei de vê-lo! Não posso continuar ali e olhar para ele".

Ou como uma mulher me confessou: "Não consigo suportar o sofrimento. Vou mudar de estudo bíblico". Como mentora dela, respondi: "Espere um pouco! Esse é o *seu* estudo bíblico. Você estava lá antes dele. Vai deixar que a presença dele afaste você do seu estudo bíblico?" Prossegui: "Aquelas mulheres são suas. Esse é o seu ministério. A sua classe da escola dominical". A mulher decidiu ficar e ficou até que, em suas palavras, certo dia não sentiu mais a dor. Havia aprendido a perseverar com paciência.

Outra mulher com quem me encontrava regularmente demonstrou a mesma tristeza ao desabafar: "Não suporto ir a esse ministério porque ele está lá". Ponderei mais uma vez: "Este é o seu teste de fidelidade". Ela replicou: "Mas o meu coração não está mais no ministério". Expliquei o mais suavemente possível: "Deus não está pedindo que ponha o coração nele. Está pedindo que esteja ali. Que seja fiel. Vamos trabalhar para que seu coração se envolva nele mais tarde, mas agora você precisa levar seu corpo para lá".

Dei esse conselho a essas duas mulheres porque devemos ser "fiéis em tudo", mesmo quando estamos infelizes (1Tm 3.11). Isto exige poder de resistência. Infelicidade, tristeza e corações partidos nunca são agradáveis. São testes.

Vamos perseverar em nossos compromissos? A mulher equilibrada, casada ou solteira, não pode desistir. Ela fica. A resignação é passiva, não requer algo do qual desistir: é uma derrota. O resignado diz: "Desisto!" Mas e quando há perseverança e resistência? Estas são ativas. Resistir é uma escolha voluntária. A perseverança resulta em triunfo.

No final, ambas as mulheres sob as minhas asas que experimentaram problemas com homens obtiveram vitória por ter continuado em suas situações. Elas não se demitiram nem foram embora. Deus honrou a sua determinação de permanecer em suas tribulações até o fim. Ele lhes deu a graça de suportar com paciência, até que crescessem, até que suas aflições particulares produzissem mais poder de resistência nelas. As duas nunca mais foram as mesmas depois do teste: tornaram-se mais sábias, fortes e estáveis, mais semelhantes a uma rocha.

Ser como Cristo, Você se lembra da minha pergunta: "O que eu ganho com isto?" Achamo-nos agora no derradeiro benefício e recompensa por suportar as tribulações até o fim. Tornamo-nos mais como Cristo. Nossa fé oferece as condições para que outras virtudes cresçam. Recebemos uma ordem interessante em 2Pedro 1.5-7:

Com toda a diligência, *associai*
com a *vossa fé*, a virtude,
com a virtude, o conhecimento,
com o conhecimento, o domínio próprio,
com o domínio próprio, a perseverança,
com a perseverança, a piedade,
com a piedade, a fraternidade;
com a fraternidade, o amor.

Em outras palavras, uma série de qualidades de caráter pode ser e é acrescentada ou construída junto a sua fé em Deus e em seu Filho. São qualidades que devem ser um *conjunto* ou *produção*. A fé é o ponto de partida, o solo em que crescem tais virtudes. Sem fé não somos diferentes dos incrédulos. Pedro e Tiago sabiam que os crentes têm um trabalho a fazer. Devemos esforçar-nos "com toda a diligência", em cooperação com Deus, para produzir a colheita das características listadas por Pedro. Tiago nos lembra que "[...] a fé, se não tiver obras, por si só está morta" (Tg 2.17). Enquanto acrescentamos fielmente à nossa vida as virtudes que refletem as de Cristo, outros irão testemunhar as resplendentes qualidades morais dele espelhadas em nós e serão levados à Fonte: Jesus.

Dando um passo à frente

Em nossa trajetória até aqui para descobrir o caminho de Deus em meio às nossas tribulações, você notou a beleza e a força da perseverança, da paciência, da resistência? No que Deus está pedindo que você permaneça hoje? É um grupo ou emprego? O seu casamento? Manter uma gravidez quando o mundo afirma que você tem direito de optar? É permanecer viva e sofrendo quando o mundo diz que há alternativa?

Quase sempre há meios fáceis de acabar com o sofrimento e o desconforto. Mas tomar o caminho fácil não refina o seu caráter, produzindo perseverança e paciência. Também não honra nem glorifica nosso Senhor. A cada minuto e a cada dia em que você entra em uma provação, lembre-se de que a mulher equilibrada permanece em sua situação até o ponto de rompimento, até sentir-se dilacerada. E depois fica mais um pouco. Descobre que é testada e mostrou-se genuína. Ela foi aprovada no teste da fé legítima. Possui as características desejadas!

Os três passos seguintes ajudarão você a manter-se no caminho de Deus em meio às provações de sua vida, indicando a ajuda de Deus para cada dificuldade.

Passo 1: Busque a Deus. Creia pela fé que a graça e a ajuda necessárias em cada dificuldade virão de Deus. Saiba e creia que ele lhe dará forças para perseverar. Essas provisões são

FORTALECENDO A SUA RESISTÊNCIA ❧ 101

bênçãos só proporcionadas por ele. Deus lhe dará consolo em meio à tribulação e resgatará você, quer nesta vida, quer na morte. Busque a Deus com confiança.

Passo 2: Busque a Cristo. Ele é o "Autor e Consumador da fé" (Hb 12.2). Cristo deixou-nos exemplo para que possamos seguir os seus passos (1Pe 2.21). Jesus permaneceu. Um Jesus irrepreensível permaneceu neste mundo pecador até terminar o seu trabalho na terra. Ele suportou a cruz até a conclusão de sua obra de redenção dos pecadores (1Jo 19.30). Suportou o tratamento brutal e injusto. Caminhou em meio às zombarias e provocações enquanto o povo gritava durante a sua agonia na cruz e ria de seus movimentos penosos. Ele permaneceu.

Como o seu Senhor, você deve permanecer em sua situação, em suas provações e dificuldades. Jesus ajudará você a perseverar e triunfar. Olhe sempre para ele e seu exemplo.

Passo 3: Busque a recompensa. Deus é o seu Mestre e valoriza a fé testada pelo fogo (Zc 13.9). Confie nele — em sua sabedoria, seu plano, seus propósitos, sua presença quando você é provada. Alegre-se em sua obra e com a colheita de virtudes que as suas provações irão obter para você. Alegre-se porque o seu processo de purificação beneficia outros quando você se torna mais estável e comunica força em todas as situações. Sinta-se humilde porque a autenticidade em você reflete a glória dele e traz louvor e honra a ele.

Nossa maior recompensa é a certeza de ver Cristo, de ouvir seu "Muito bem, servo bom e fiel" (Mt 25.21), de receber "[...] a coroa da vida, a qual o Senhor prometeu aos que o amam" (Tg 1.12), de aquecer-se na presença de Deus pela eternidade, gozar da "plenitude de alegria" e "delícias perpetuamente"

(Sl 16.11). Espere a recompensa. O rei Davi escreveu: "Eu creio que verei a bondade do Senhor na terra dos viventes" (Sl 27.13). Olhe sempre para além de seu sofrimento atual, fixando os olhos nos prêmios prometidos por Deus!

A fé não é uma planta de estufa que deva ser defendida do vento e da chuva, tão delicada que precise ser protegida, mas [é] como o carvalho que se fortalece ainda mais com o vento que sopra sobre ele. Uma vida fácil enfraquece a fé enquanto provações intensas a revigoram.

Tornando-se uma mulher equilibrada

8

Acompanhando os gigantes da fé

❦

*Quando a sua fé é provada, a sua perseverança
tem oportunidade de crescer.*
Tiago 1.3, NLT

Você já tirou férias alguma vez e passou por uma experiência rara e inesquecível? Foi exatamente isso que aconteceu com Jim e eu quando comemorávamos nosso quadragésimo aniversário de casamento em Paris.

Enquanto andávamos pelos jardins do palácio de Versailles em um dia quente de verão, fomos até um labirinto de arbustos altos. Ficamos vagando por algum tempo, sem saber como sair daquele enorme jardim... ou saber como havíamos entrado! Finalmente chegamos a uma passagem central, uma espécie de santuário, onde encontramos água potável e um lugar para sentar e refrescar-nos.

Enquanto descansávamos, compreendemos que aquele era um lugar muito especial, uma galeria ao ar livre. Ao

106 ❧ Descobrindo o caminho de Deus nas provações

observarmos à nossa volta, nos maravilhamos com as muitas e gigantescas estátuas de mármore, estrategicamente colocadas em um caminho largo que levava a uma lagoa com uma magnífica fonte central. As estátuas emolduradas pelo verde dos arbustos e o azul do céu de verão criavam um cenário indescritível.

Nenhum de nós tinha ideia da história das pessoas representadas pelas muitas estátuas primorosamente esculpidas. Ficava evidente, porém, que cada uma delas tinha grande importância, especialmente para os franceses. Eram obviamente reverenciadas, estimadas, significativas e suficientemente famosas para serem lembradas e honradas como heroínas através dos séculos.

Maravilhando-se com a fé que permanece

Da mesma forma que Jim e eu sentimos prazer enquanto nos sentávamos e nos deliciávamos com a beleza que nos cercava naquele dia glorioso na França, podemos contemplar, apreciar e admirar um grupo de homens e mulheres que foram provados da forma mais severa... e triunfaram. Eles criam em Deus, defenderam uma causa e mostraram extrema coragem em suas circunstâncias individuais. É verdade que tropeçaram algumas vezes; todavia, a sua provação teve efeitos positivos, pois confirmou e fortaleceu a sua fé. Deus registrou as suas histórias na Bíblia como exemplos eternos de fé, fonte de ajuda para todo crente. Esses heróis nos são apresentados em Hebreus, capítulo 11, uma parte da Escritura que se tornou conhecida como "Galeria da Fé".

Ao examinarmos brevemente estes modelos, concentre-se na sua perseverança, obediência e fé. Lembre-se de que as provações foram o meio usado por Deus para alcançar os *seus* fins e os *seus* propósitos para a vida *deles* — o aperfeiçoamento e o fortalecimento da fé que possuíam. Lembre-se também de que essas pessoas eram de carne e osso, pecadores frágeis como você e eu. No entanto, são também exemplos de fé autêntica e, por serem semelhantes a nós, sabemos que podemos reagir como eles.

Tenho mais uma advertência. Não compare as suas dificuldades pessoais com as de outros — inclusive os personagens bíblicos citados em Hebreus 11. Em vez disso, preste atenção em como Deus ajudou esses santos a atravessarem os problemas que enfrentaram. Ele fará o mesmo por você porque "o nosso Deus" é o mesmo "para todo o sempre; ele será nosso guia até à morte" (Sl 48.14). Olhe para além das suas provações, as quais, por sua vez, produzirão mais fé em você.

Os heróis fiéis de Deus

Aproveite esses pequenos esquetes das pessoas mencionadas por Deus em Hebreus 11. Se quiser, siga a descrição em sua Bíblia. Enquanto examina cada indivíduo, aprecie a história de cada um e suas provações individuais. Dê atenção especial à evidência da fé na vida desses homens e mulheres. Vai receber uma bênção!

Abel — *o primeiro mártir na causa da verdade.* Abel e seu irmão Caim receberam ordem para levar um sacrifício a Deus, que se tornou um teste de obediência. A história deles está em Gênesis 4. Abel foi confirmado em sua fé e passou na prova ao oferecer o sacrifício prescrito por Deus e aceitável a ele. Caim, no entanto, evidenciou deficiência de fé e falta de respeito por Deus e sua ordem ao fazer uma oferta diferente das instruções divinas. No final, a inveja consumiu Caim e ele assassinou Abel. A fé de Abel e sua obediência custou-lhe a vida. Caim não pôde aceitar ou compreender seu fracasso ou o sucesso do irmão e sua aprovação aos olhos de Deus.

E você? Como está indo no Departamento da Fé? Algumas vezes deixamos de obedecer aos mandamentos de Deus por não fazerem sentido para nós. Outras vezes não estamos dispostas a obedecê-los com medo de consequências desagradáveis ou prejudiciais. Não falhe no teste da fé em Deus como fez Caim. Seja completamente obediente a Deus. A sua obediência irá confirmar sua fé e fortalecê-la ao confiar nele. Creia (outro sinal de fé) que com a ajuda graciosa de Deus você pode suportar qualquer problema ou perseguição.

Enoque — o homem que agradou a Deus. O vislumbre que Deus nos dá sobre a vida e a fé de Enoque é encontrado em Gênesis 5.21-25. Enoque viveu na época em que o mundo se tornava mais perverso a cada geração, a ponto de Deus decidir destruir tudo com uma grande enchente. Enoque, todavia, não cedeu à perversidade que reinava. Ele andou com Deus (v. 22). Como resultado da sua fé em Deus e seu relacionamento íntimo com ele, Enoque não morreu. Foi levado vivo para o céu.

Da mesma forma que Enoque, eu e você vivemos em uma sociedade cada vez mais perversa. Não sabemos quanta pressão e perseguição Enoque sofreu por causa de sua fé em Deus, mas podemos nos comparar a ele porque enfrentamos problemas similares ao andarmos com Deus hoje. Fique firme na sua fé! Não permita que o mundo absorva você ou a coloque em seu molde. Não deixe que ninguém ou coisa alguma tire você do caminho da obediência fiel a Deus. Siga o exemplo de Enoque. Tome como alvo ser agradável a Deus.

Noé — o homem com um compromisso a longo prazo com a obediência. Deus usou Noé para profetizar e predizer a vinda de uma grande enchente. O mundo nunca vira nada como o que o povo daquela época testemunhava. A humanidade não chegara sequer a conhecer a chuva (Gn 7). Noé, entretanto, acreditou no aviso e nas intenções de Deus e passou 120 anos anunciando a mensagem do castigo que se aproximava e construindo uma arca (Gn 6.13—7.24). Você pode imaginar a zombaria que Noé deve ter enfrentado durante os anos em que trabalhou no primeiro barco a ser construído em terra seca, pregando sobre um juízo futuro? Como acontecera com seu avô, Enoque, Nóe suportou as pressões dos seus dias. Pela fé e pela obediência, ele se tornou um herdeiro da justiça. A fé em Deus e na sua mensagem salvaram Noé e sua família, as únicas oito pessoas que sobreviveram ao dilúvio.

A sua confiança em Deus *sempre* o fará diferente daqueles que não creem nele. Você vai experimentar rejeição por crer em Deus Filho, Jesus Cristo, e nas promessas de Deus. Creio que para Noé a ordem de Deus não pareceu insensata. Noé creu nas palavras de Deus. Deixou o que ia acontecer nas mãos de Deus enquanto fielmente cumpriu o que Deus pedira, por mais tempo que levasse, sem se importar com o custo. Noé parecia estranho aos seus semelhantes; mas, como o avô

110 ❦ Descobrindo o caminho de Deus nas provações

Enoque, encontrou favor aos olhos de Deus. Ambos andaram com Deus durante a sua vida. Ao confrontar suas tribulações, apoie-se no Senhor, creia nos seus propósitos e siga-o sem hesitar. Você pode confiar nele para obter a perseverança necessária para cumprir a vontade do Senhor. Isso é fé!

Abraão — o homem que entregou tudo. Abraão era de fato um gigante da fé! Você encontra sua história em Gênesis 11—15. Abraão passou cem anos vagando pela terra em obediência à ordem de Deus para que deixasse o lugar em que nascera e todos os seus parentes. Abraão não pôde estabelecer-se permanentemente em um único lugar, ou possuir a terra que Deus prometera a ele e seus descendentes. Esperou também 25 anos pelo filho prometido por Deus. Em meio a todas as suas peregrinações e espera ansiosa por um herdeiro, a fé e a confiança de Abraão em Deus e em suas promessas permaneceram firmes.

Os testes da fé não se detiveram ali. De modo algum! Depois do nascimento de seu filho Isaque, Deus testou Abraão várias vezes, pedindo-lhe outra entrega. Deus pediu que oferecesse seu único filho, nascido de Sara, como oferta queimada (Gn 22). Forte como uma rocha, Abraão tomou Isaque e partiu na manhã seguinte para cumprir o que Deus pedira, confiando nele e nas suas promessas para ele e seu filho. Estou certa de que Abraão orou o caminho todo até o monte Moriá durante a viagem de três dias até o lugar designado por Deus para o sacrifício!

Como a fé possuída por Abraão continuou e cresceu durante esses dias difíceis? A Bíblia diz que ele contemplava uma esperança futura, como a Terra Prometida ou o filho prometido, e até a possibilidade da ressurreição caso o filho fosse morto.

Contemplar a promessa divina de uma esperança futura também manterá sua fé forte enquanto se rende pela fé ao desígnio de Deus para a sua vida e espera a libertação de sua presente dificuldade. Até que ponto a sua fé é paciente? E por quanto tempo você pode suportar sua situação com um olho no futuro? Pode levar anos — talvez 25 ou mais, ou até toda uma existência! — antes de ser libertado da provação que está experimentando agora. Porém, como Abraão, continue submetendo-se quando a sua fé for testada. Continue confiando em um Deus amoroso e interessado, cuja perfeita vontade está sendo posta em prática a cada dia que passa. Confie no tempo de Deus, por mais longo que seja... mesmo que nada mude nunca!

Sara —"a mãe das nações" e ancestral de Jesus. Que fé notável a dessa mulher! Sara e seu marido Abraão foram solicitados por Deus a deixar sua terra natal e viajar para um país longínquo, onde nunca teriam uma casa permanente. (Você pode ler a história da vida dela e de seu marido em Gênesis 12—23.2). Para tornar as circunstâncias mais desafiadoras, Sara não tinha filhos. Ser estéril na cultura de sua época era a pior das provações que podiam ocorrer a uma mulher. Deus, porém, prometeu um filho a Sara, cuja chegada levou 25 anos! Sara teve a sua fé testada enquanto esperava a cada dia de cada ano durante décadas. Por mais de nove mil noites, Sara foi deitar-se sem um filho... a criança que Deus prometera.

112 Descobrindo o caminho de Deus nas provações

Apesar de ter passado da idade de conceber, Sara alegrou-se muitíssimo quando Deus cumpriu sua promessa e deu-lhe um filho (Gn 21.1-6). Foi um milagre! Hebreus 11.11 nos diz: "Pela fé, também, a própria Sara recebeu poder para ser mãe, não obstante o avançado de sua idade, pois teve por fiel aquele que lhe havia feito a promessa". Bênção após bênção, a descendência de seu filho atravessou séculos até o igualmente prometido Messias, Jesus Cristo.

> *A fé provada e confirmada nas dificuldades é real e viva.*

Você está prestes a desistir? Não vacile em sua confiança no Senhor. Examine o exemplo de Sara e obtenha coragem e fé para confiar em Deus mais um dia e uma noite. Levante-se então amanhã e confie nele de novo, quantas vezes forem necessárias para seu teste de fé. A fé é isto: confiar no Deus invisível para "[...] a certeza de coisas que se esperam, a convicção de fatos que se não veem" (Hb 11.1).

Isaque, Jacó e José — três homens abençoados por seus pais quanto a coisas que ainda iriam acontecer. Estes três homens representam três gerações de pais que abençoaram seus filhos quanto ao futuro. Paulo menciona suas histórias e Hebreus 11.20-22. Pela fé, cada geração de homens — que sem dúvida tiveram sua cota de problemas — creram nas promessas de Deus e transmitiram sua fé e esperança ao abençoar os filhos, os quais por sua vez confiaram nessas mesmas promessas. Qual a certeza desses homens de que Deus cumpriria sua promessa de dar-lhes uma terra? Tão certos estavam que Jacó e José, enquanto viviam no Egito, pediram que seus ossos fossem levados para sepultamento em Canaã. Eles queriam ser enterrados "em casa".

Quão firme é a sua fé no futuro quando experimenta uma provação? Ela é forte o suficiente para ser testemunhada por seus filhos, sua família, amigos e colegas de trabalho? Você vive a sua fé e age de acordo com ela? Você considera sua fé suficientemente importante para ser verbalizada diante de membros de sua família? Uma fé que não pode ser vista e testemunhada por outros é discutível. Tiago afirma: "Assim, também a fé, se não tiver obras, por si só está morta" (Tg 2.17). A fé provada e confirmada nas dificuldades é real e viva.

Moisés — o "libertador" usado por Deus para salvar o seu povo. Moisés (cuja história começa em Êxodo 2 e vai até o fim do livro de Deuteronômio) era um homem que teve tudo até certo ponto em sua vida. Era filho adotivo da filha do Faraó do Egito, criado na casa do Faraó e educado com os filhos da nobreza. Ele desistiu, porém, de tudo para identificar-se com o povo de Deus. Depois de defender um escravo hebreu, Moisés fugiu do Egito. Quarenta anos mais tarde foi censurado e ameaçado pelo Faraó do Egito quando, ao comparecer novamente diante daquele homem mais poderoso do mundo, pediu que o povo de Deus, os filhos de Israel, tivessem permissão para sair. Depois de muitas pragas enviadas por Deus por meio de Moisés, Faraó deixou os israelitas irem embora. Mas os problemas de Moisés não haviam terminado. Ele enfrentou a ira do Faraó, que tentou

114 ❧ Descobrindo o caminho de Deus nas provações

alcançá-lo e os antigos escravos depois de deixarem o Egito. Além disso, durante muitos anos Moisés sofreu os abusos, as críticas e as constantes murmurações de seu povo que resistia à liderança de Deus por intermédio dele, um caminho que os levou a todos para o deserto árido durante quarenta anos de provação.

Moisés sofreu muito por identificar-se com o povo de Deus. A Bíblia diz, no entanto, que ele sofreu por causa do Messias e do povo sofredor de Deus (Hb 11.24-26). O mesmo se aplica aos crentes de hoje. O apóstolo Pedro escreveu: "Ora, todos quantos querem viver piedosamente em Cristo Jesus *serão perseguidos*" (2Tm 3.12). Minha amiga, você com certeza vai sofrer ao identificar-se com Cristo, que sofreu primeiro em seu favor. Esta deve ser razão suficiente para suportar qualquer dificuldade — saber que se está sofrendo ao lado de seu Salvador e seguindo os passos dele.

Raabe — a prostituta que acreditou que Deus tinha poder para salvar. Raabe viveu em Jericó, uma das mais poderosas cidades-Estado da época, cuja população tinha ouvido falar dos milagrosos juízos de Deus sobre o povo egípcio e outros povos que ousaram desafiar os israelitas. Todavia, só uma mulher — uma prostituta — respondeu pela fé e corajosamente abrigou os espias hebreus enviados para verificar as condições em Jericó, um ato de traição punível de morte. Raabe pediu aos homens de Israel que salvassem a ela e sua família da destruição que se aproximava. No final, Raabe e sua família foram os únicos da cidade poupados quando os muros de Jericó caíram (veja Js 2—6).

Você fica imaginando qual a diferença entre Raabe e o restante do povo de Jericó? Duas palavras lhe dão a resposta — Deus diz que foi "pela fé" (Hb 11.31). Raabe estava disposta a desistir de tudo, voltar as costas para o seu país e seus deuses pagãos, até a arriscar sua vida para seguir o Deus verdadeiro dos israelitas. Ao agir dessa forma, ela ajudou a realizar o propósito de Deus em Jericó.

O que você está disposta a arriscar, abandonar e suportar para seguir pela fé o Deus verdadeiro? Peça coragem a Deus. Confie nele. Creia na sua capacidade para livrá-la. Caminhe corajosamente pela vida e suas provações, com Deus como seu guia supremo!

Santos com poder e autoridade — homens e mulheres que guiaram o povo de Deus. As pessoas de fé citadas em Hebreus 11.32 eram guerreiros, reis e profetas. Todavia, não são louvados por Deus por posição, coragem, capacidade ou nobreza. Em vez disso, Deus os reconhece pelo que realizaram pela fé. Cada um deles foi corajoso e, por sua vez, sofreu grande aflição em sua obediência a Deus.

- ✤ **Gideão** foi para a batalha contra um enorme exército com apenas trezentos homens... e venceu.
- ✤ **Baraque**, com a profetiza Débora, foi para a guerra e derrotou o grande general Sísera.
- ✤ **Sansão** "fechou a boca de leões".
- ✤ **Jefté** recebeu poder de Deus para derrotar o povo de Amom.
- ✤ **Davi** guiou a pequena nação de Israel enquanto "conquistavam reinos".

Samuel ungiu Davi como rei e a seguir evidenciou a sua fé mediante uma vida de oração intercessória.

> Peça a Deus coragem. Confie nele. Creia na sua capacidade para livrá-la. Caminhe corajosamente pela vida e suas provações, com Deus como seu guia supremo!

Vários santos não mencionados — pessoas que suportaram corajosamente diversas provações. Depois de fazer uma lista de homens e mulheres de fé, o escritor de Hebreus se volta para generalidades. Há tantos feitos de fé confiante na história do povo de Deus que o escritor não consegue citar todos que demonstraram fé autêntica (Hb 11.33-38). Esses gigantes anônimos são listados por seus atos de grande fé. Eles foram torturados, escarnecidos e açoitados, algemados, presos, apedrejados, serrados pelo meio, tentados e mortos a espada. Desprovidos de roupas, desprovidos de recursos, aflitos, atormentados, sem abrigo, ocultaram-se em covis e cavernas.

Dando um passo à frente

Hebreus 11, a "Galeria da Fé", é uma lista bem grande. De fato, é espantosa! Estou certa de que você também leu outras histórias dos que foram martirizados pela sua fé — missionários mortos por pregar o evangelho de Jesus Cristo, cristãos enviados à Sibéria durante a época do comunismo por causa da sua fé em Cristo, e assim por diante. No final do capítulo 11 de Hebreus, o escritor acrescenta que cada um dos heróis mencionados não sofreu para receber uma recompensa temporal, mas por "coisa superior" (v. 40). Eles tinham fé e suportaram extremo sofrimento ao antever o cumprimento final da promessa do Messias vindouro.

Hoje, quando provações e tribulações surgem, e é certo que venham, a sua fé e sua determinação devem ser ainda mais pronunciadas porque o Messias veio na forma de Jesus. Você tem Jesus! E agora espera a sua volta! Que momento glorioso vai ser!

Como você pode confiar em Jesus hoje? Neste exato minuto, qual o desafio que confronta você? São as crianças fazendo que perca a paciência? Sente-se sufocada? Inútil? Lembre-se de que você anda com os gigantes da fé.

Você está cuidando da sua saúde, de um coração partido, de um ente querido com câncer? Está sofrendo injustamente por causa de calúnias ou maledicências? Está sem casa, sem dinheiro suficiente, sem marido ou filhos? Lembre-se, você anda com os gigantes da fé. Compreenda que, da mesma forma que Deus foi honrado pela fé e firmeza desses incríveis santos antigos, ele será honrado se você confiar nele quando sofrer.

Não importa o que Deus esteja pedindo a você, não importa o tamanho do pedido, peça a ele que lhe dê a graça de dar até mesmo um pequeno passo de obediência confiante no que é requerido de você. Esse pequeno passo colocará você no caminho de Deus em suas tribulações. Experimentará ali a sua ajuda e provisão graciosas, capacitando você a ficar ao lado dos seus gigantes da fé genuína em tempos de teste.

PARTE 3

Tornando-se uma mulher madura

*Nossas provações devem causar-nos alegria e glória,
pois devemos compreender que Deus está nos tornando
fracas para conceder-nos o poder de Cristo! Ele nos ensina
a não gloriar-nos em nossa vitalidade insignificante,
egocêntrica, enganosa, mas em sua força
todo-poderosa, que nunca falha.[1]*

Tornando-se uma mulher madura

9

A caminho da grandeza

❧

Ora, a perseverança deve ter ação completa, para que
sejais perfeitos e íntegros, em nada deficientes.

Tiago 1.4

Um de meus ministérios no passado era orientar esposas de alunos do seminário. A esperança que nossa equipe feminina do corpo docente tinha para essas mulheres era vê-las crescer no Senhor. Queríamos também oferecer alguma preparação básica para um leque amplo de oportunidades de ministério, a fim de dar às participantes alguma experiência antes de irem para os primeiros ministérios dos maridos. Nosso objetivo era preparar essas mulheres para servir de algum modo no lugar em que Deus as guiasse, fosse uma igreja, um campo missionário ou uma organização cristã. O que oferecíamos era um programa de discipulado de três anos para aquelas que quisessem treinamento. Muitas mulheres de várias procedências, níveis de experiência e amadurecimento diferentes vieram às nossas classes — algumas bastante animadas e outras apenas porque os maridos pediram.

Em determinado ano "formamos" o que eu chamaria de uma "esposa relutante de seminarista". Ela comparecia aos encontros e aulas, mas definitivamente deixava o coração em outro lugar. Na verdade não participava nem contribuía, por estar claramente desinteressada. Quando o marido diplomou-se, eles foram para seu primeiro cargo. Depois de um ano voltaram para uma visita... e recebi um telefonema dela pedindo um encontro.

Tudo o que posso dizer é que uma mulher muito diferente veio encontrar-se comigo! Sentadas à mesa em minha cozinha, fiquei observando uma nova mulher, uma mulher humilde que tinha agora necessidade de aprender. Ela estava suplicando: "Pode me ajudar? Tem algo a me ensinar? Posso obter cópias do material distribuído em nossas reuniões? Joguei os meus fora, desculpe..." Depois disso, ela me contou: "Em menos de um ano as pessoas em nossa nova congregação descobriram que eu não tinha nada a oferecer. Estava apenas agarrada às abas do paletó de meu marido. Não tinha nada a dar".

Ouvi certa vez a mulher amadurecida de um pastor dizer: "A congregação merece uma esposa de pastor com *alguma* maturidade espiritual". A esposa do pastor não será geralmente o gigante e líder espiritual que seu marido é, mas deve haver *alguma* maturidade. Quando a mulher desinteressada em nossa classe no ano anterior viajou ao lado do marido, ela parecia adequada e sensata ao abrir a boca. Porém, quando as pessoas em sua nova igreja se aproximaram mais dela, bem lá no fundo havia pouca ou nenhuma substância. Agradeço a Deus porque ele trabalhou em seu coração para gerar o desejo de crescer e servi-lo e a seu povo de maneira mais abrangente.

Olhando no espelho

O plano de Deus para nós, suas filhas, envolve serviço, que requer crescimento e maturidade, coisas que ocorrem como resultado de provações e testes. Ninguém deseja ser imaturo, incapaz de lidar com novos desafios e mal equipado para servir a outros.

Como, porém, aprendemos a perseverar em nossas aflições e aceitar as instruções e planos de Deus para o nosso crescimento? Maturidade é aceitar que virão provações, aceitá-las com uma atitude alegre, atravessá-las até o fim e permitir que Deus nos aperfeiçoe. É assim que a maturidade e o serviço são cultivados.

Tiago nos diz que provações virão. Ele diz também *como* abordar nossos testes e *como* suportá-los com sucesso e colher os benefícios que Deus guardou para nós ao final. Tiago diz para sermos "praticantes da palavra e não somente ouvintes, enganando-vos a vós mesmos. Porque, se alguém é ouvinte da palavra e não praticante, assemelha-se ao homem que contempla, num espelho, o seu rosto natural; pois a si mesmo se contempla, e se retira, e logo se esquece de como era a sua aparência" (Tg 1.22,23). Vamos então olhar no espelho das instruções de Deus... e fazer alguma coisa!

Rumo ao serviço

Reflita um momento sobre a sua vida e suas provações. Quando reflito sobre a minha, vejo isto: estou caminhando, ocupada com minhas responsabilidades e as inúmeras tarefas diárias (você sabe, como as suas!). Em seguida algo acontece. Enquanto prossigo, encontro uma provação, que aparece do nada. Inesperada, sem aviso. Estou simplesmente caminhando... e lá está ela. É como chegar subitamente à ribanceira de um rio. Ali está ele, bem na minha frente, impedindo meu progresso. Posso caminhar para trás, entrando em território familiar, perdendo a ocasião de progredir; ou posso arriscar-me a entrar diretamente na água, diretamente na provação. A última é evidentemente a escolha mais difícil, mais perigosa!

Todavia, entrar na água dessa prova é a escolha *certa* porque é a escolha de Deus e seu plano para a minha vida. Ele quer que eu avance e continue até o outro lado. Quer que confie nele e cresça. O que há do outro lado do rio? Da provação? Vitória. Crescimento. Maturidade. Força. Experiência. Poder de resistência. Uma contribuição maior para os propósitos de Deus e de seu povo.

Você concorda comigo? Está parada na praia de um desafio? Essas são as boas notícias: é aqui que os ensinamentos de Tiago 1, versículos 2 e 3 e 4, vêm resgatá-la. Eles mostram o caminho para maior crescimento e serviço. A beira do rio é o nível de crescimento em que você se encontra. Imóvel na margem, olhando para a água, você precisa compreender que é necessário atravessar para encontrar o ponto de maior utilidade. A única maneira de fazer isso é usando as três pedras que Deus colocou na água — três pedras que revelam o caminho *dele* para *atravessar* a sua provação.

Primeira pedra — *Aproxime-se de cada provação com alegria.* A primeira coisa que você tem a fazer quando encontrar qualquer dificuldade é adentrar no terreno de seu teste com alegria no coração. Conforme as palavras de Tiago: "Tende por motivo de toda alegria o passardes por várias provações" (Tg 1.2).

Segunda pedra — *Fique firme em meio a cada provação.* Saber que "a provação da sua fé produz perseverança" capacita você a atravessar cada problema e crescer em maturidade e serviço ao final (Tg 1.3).

Terceira pedra — *Colabore com o plano de Deus.* Deixe que cada provação seja sinônimo de crescimento. Aprenda as lições de Deus nas situações difíceis. O alvo dele para você, sua filha, é aperfeiçoá-la e assegurar condições para que se desenvolva plenamente.

Tiago ensina: "Ora, a perseverança deve ter ação completa, para que sejais perfeitos e íntegros, em nada deficientes" (Tg 1.4). O verbo "dever" indica que Tiago nos estimula a permitir que nosso poder de resistência, quando permanecemos firmes em meio à provação, realize o seu trabalho. Ele nos chama para submeter-nos, para dar lugar a algo superior ao nosso conforto pessoal e posição na vida. A mulher espiritualmente madura aceita o seu teste, permitindo que Deus e suas provas trabalhem nela.

Essa rendição pessoal é similar ao ato de dar passagem a outro carro quando estamos dirigindo. Quando vamos à igreja, eu e minha família, diante de uma placa indicando que a preferência não é nossa, diminuímos a velocidade e damos passagem a pedestres, bicicletas, motocicletas, carros e algumas vezes até a um caminhão de dezoito rodas! Cedemos passagem não importa quão grande ou pequena seja a pessoa ou o veículo em nosso caminho. Por quê? Por causa das instruções na placa. Obedecemos também aos que têm autoridade sobre nós. Se a polícia nos seguisse com as luzes piscando, nós pararíamos. Obedecemos à polícia e seguimos as suas instruções.

Da mesma forma, Tiago nos diz que, como cristãos, devemos obedecer a Deus, às suas provas da nossa fé, aos seus caminhos e às suas lições. Devemos permitir que "a perseverança tenha ação completa". Devemos colaborar inteiramente com Deus enquanto ele constrói nosso caráter.

Infelizmente, em vez de permitir ou obedecer, às vezes fazemos o oposto. De fato, pensei em pelo menos sete formas comuns de adiar o nosso crescimento espiritual e deixar de crescer no Senhor. Ao identificar aquelas que estão entre suas tendências, você poderá se precaver para eliminá-las.

Sete maneiras de falhar nos testes de Deus

1. *Resistir*. Muitas vezes acabamos dizendo não a Deus. "Não vou fazer isto. Não vou aceitar isto. Não vou para lá!" Lutamos contra o teste à nossa frente. Porém, Deus está nos pedindo para fazer o oposto, *permitir* que a paciência faça seu trabalho perfeito, quando devemos obedecer à atividade que nos aperfeiçoa.

Sei que você já foi ao dentista e está familiarizada com esta cena. Você se encontra na cadeira do dentista, indefesa. Há toda uma parafernália dentro de sua boca e pendurada nela. Sem querer, você vai fechando a boca... até que o dentista exclama: "Relaxa! Abra a boca, senão não posso fazer o meu trabalho. Será menos estressante e dolorido se você relaxar".

As provações que encontramos são semelhantes a essa situação. A mulher que está crescendo espiritualmente se submete ao seu teste. Ela afrouxa a mão protetora e deixa de enfatizar suas preocupações, seus temores, permitindo que o teste faça o seu trabalho. Ela se submete a Deus e deixa que o plano se realize. Só então a obra de Deus *nela* e *por intermédio* dela será realizada.

O profeta Jonas, do Antigo Testamento, nos mostra como é resistir à vontade e ao trabalho de Deus. A tarefa de Jonas era simples: levar uma mensagem de juízo ao povo da Assíria em sua capital Nínive. Esse encargo se tornou uma verdadeira provação. Jonas sabia que Deus acabaria mostrando sua misericórdia àqueles inimigos do povo de Jonas (Jn 4.2), por ser gracioso e compassivo. Em vez de submeter-se ao plano de Deus para a sua vida como profeta e ao plano gracioso de Deus para os assírios, Jonas decidiu resistir. Ele fugiu de Deus (era pelo menos o que pensava) e do serviço.

Você já deve saber o que aconteceu em seguida. Jonas embarcou em um navio que ia na direção oposta a Nínive para

> *Devemos confiar em Deus em cada dificuldade e cada tribulação. Precisamos fazer "de coração a vontade de Deus".*

resistir à ordem divina. Deus usou meios drásticos para advertir Jonas: arranjou para que um grande peixe engolisse Jonas e ele depois o cuspisse na praia... de volta a Nínive. Deus fez o seu profeta mudar literalmente de atitude, de maneira que Jonas viesse a cruzar o seu "rio" e, confiante e obedientemente, pregasse a mensagem que lhe fora confiada. O resultado?

Jonas foi incrivelmente útil, instrumento de Deus, para que milhares de habitantes de Nínive se arrependessem, escapando assim do juízo devastador.

Do mesmo modo que Jonas, devemos confiar em Deus em toda dificuldade e tarefa árdua. Devemos fazer "de coração a vontade de Deus" (Ef 6.6). Ele nos ajudará na travessia e nos fará crescer espiritualmente durante o processo. Nossa obediência para entrar, permanecer e passar pelas provações produzirá uma peça acabada e magnífica. O que Deus graciosamente fizer por nosso intermédio irá proclamar seus louvores através dos séculos.

2. *Recuar*. Algumas vezes falhamos em fazer a vontade de Deus, recuando de nossas provações. Achamos que não iremos vencer o que nos enfrenta. Ficamos com tanto medo que vamos para a cama, tomamos alguns comprimidos, telefonamos e cancelamos compromissos, só para não ter de enfrentar pessoas ou responsabilidades.

Cada teste é um teste de fidelidade. Algumas vezes, tudo o que Deus requer de nós é que compareçamos! Que estejamos onde dissemos que estaríamos. Que mantenhamos o compromisso firmado. Completemos a carreira. Em vez disso recuamos. Anime-se! Estamos aprendendo a avançar! A mulher espiritual em crescimento submete-se ao seu teste. Mesmo com medo e tremendo, ela entra no rio, deixando de lado seus temores e substituindo-os pela fé, trocando seu tremor pela confiança. Ela enfrenta seus prolongados desafios confiando no Deus que os coloca à sua frente, no Deus cuja graça é na verdade suficiente para vê-la passar por tudo quanto lhe pedir. A mulher que quer crescer no Senhor pisa fielmente nos degraus que a levam pelo caminho de Deus em suas provações. Ela aguarda alegremente a perseverança e a maturidade que a esperam.

"Já basta! Senhor, tire agora a minha vida." Essas palavras parecem vir de um homem que enfrentou e derrotou 850 profetas no monte Carmelo? Elias havia cruzado muitos "rios". Ele confiara em Deus muitíssimas vezes, sendo seu instrumento para realizar milagre após milagre. Agora, porém, pronunciava palavras de desânimo e abatimento (1Rs 18—19).

O que acontecera para levar Elias ao desespero? Ele tirou os olhos de Deus e fixou-os em sua última provação: uma mulher, a rainha Jezabel, e sua ameaça sobre a vida dele. Como Deus tirou Elias de sua depressão? Confrontando-o com uma necessidade, a fim de que voltasse à sua missão de servi-lo. O Senhor queria que Elias atravessasse o seu próximo "rio" e continuasse o processo de amadurecimento que estava operando em sua vida. Elias precisava saber que Deus ainda não terminara sua obra nele. A capacidade de seguir em frente era o segredo de seu serviço para o Senhor.

> *Deus é fiel e o tempo dele é perfeito. Ele sabe o que está fazendo e como irá nos aperfeiçoar, fortalecer-nos e nos tornar completas.*

Como Elias, nós nos cansamos, sentindo-nos esmagadas. Às vezes, não conseguimos enxergar saída de uma dificuldade ou modos de passar por ela. Pensamos que seria melhor estar mortas, ser poupadas do sofrimento, da tristeza e das exigências penosas da vida neste mundo. Achamos que seria melhor desistir em vez

130 ❦ DESCOBRINDO O CAMINHO DE DEUS NAS PROVAÇÕES

de tentar seguir adiante, esforçando-nos e gastando nossas energias para servir a Deus e a outros. Mas Deus é fiel e o tempo dele é perfeito. Ele sabe o que está fazendo e como irá aperfeiçoar-nos, fortalecer-nos e nos tornar completas — sem faltar nada!

O que quer que você esteja enfrentando hoje — e a cada dia —, lembre-se da promessa de Deus: Tenha certeza de que "[...] aquele que começou boa obra em vós *há* de completá-la" (Fp 1.6).

Dando um passo à frente

Vamos prosseguir em nossa lista do que precisamos observar para não falharmos nos testes de Deus no capítulo seguinte. Por agora, faça uma pausa e se analise um pouquinho.

Você é uma aprendiz ou uma apressada? Você sente a necessidade de aprender e crescer, ou gostaria de sair de onde está, encerrando logo este dia ou esta provação, custe o que custar? A esposa do jovem aluno do seminário não desejava estar presente àquelas reuniões de discipulado para mulheres. No entanto, um ano depois, ela tornou-se uma aprendiz, sentindo necessidade de conhecimento. Desejava realmente ajuda, força, fé e evidência do poder de Deus operando em sua vida.

> *Não importa qual seja o custo ou a dor temporária de suas provações, Deus promete maturidade, serviço e um conhecimento mais profundo dele.*

Se neste ponto em sua vida e em seu crescimento espiritual você sente essa ânsia para que tudo mude de uma vez só — ou seja, está apenas esperando que algo termine ou melhore —, enfrente isso agora. Erga os olhos. Ore. Diga a Deus como se sente e qual o motivo. A seguir, peça ajuda a ele, pois sua ajuda está sempre disponível e sua graça é sempre adequada para capacitar você a entrar no rio de sua provação e avançar.

Se for uma aprendiz, agradeça a Deus por essa atitude, mantendo-a sempre presente mediante oração e confiança perseverante nele. Você talvez ache útil também manter um registro da capacitação diária de Deus e das lições que está aprendendo, um registro para encorajá-la e motivá-la. O salmista nos aconselhou a não esquecer de nem um só de seus benefícios (Sl 103.2).

Você quer o que está no final de suas provações? A lista de bênçãos é interminável. Ela inclui:

- Mais semelhança a Cristo
- Crescimento espiritual
- Maior conhecimento de Deus
- Fé mais profunda nele
- Caráter forte, aprovado
- Sabedoria
- Experiência
- Desejo de ajudar outros

Não deixe de dar o passo seguinte em sua aventura no propósito de Deus para *você* e no *uso* que ele faz de você! O apóstolo Paulo colocou nossas dificuldades presentes em perspectiva. "Porque a nossa leve e momentânea tribulação produz para nós eterno peso de glória" (2Co 4.17). Não importa qual seja o custo ou a dor temporária de suas provações, Deus promete maturidade, utilidade e um conhecimento mais profundo dele, algo que pode ser usado para ajudar outros. O apóstolo Paulo louvou:

> Bendito seja o Deus e Pai de nosso Senhor Jesus Cristo, o Pai de misericórdias e Deus de toda consolação! É ele que nos conforta em toda a nossa tribulação, para podermos consolar os que estiverem em qualquer angústia, com a consolação com que nós mesmos somos contemplados por Deus (2Co 1.3,4).

Você deseja grandeza? As bênçãos de Deus? Tome então cuidado para aceitar e lidar com os testes que se apresentarem em seu caminho. Entre de boa vontade no rio de cada provação. Faça a travessia e obtenha grandeza no serviço para o seu Senhor e para outros.

Muitos cristãos procuram um meio fácil de deixar esta vida. Eles acham que, se não tivessem de carregar fardos, poderiam viver agradavelmente e ser bem-sucedidos. Essas pessoas não compreendem que Deus costuma nos conservar alertas espiritualmente ao nos manter fisicamente frágeis. O peso da provação faz que nossos pés espirituais se movam.[1]

Tornando-se uma mulher madura

10

Tomando decisões que levam à grandeza

❧

E a perseverança deve ter ação completa, a fim de que vocês
sejam maduros e íntegros, sem lhes faltar coisa alguma.

Tiago 1.4, NVI

"Grandeza" aos olhos do mundo é poder, posição e fama. Porém, aos olhos de Deus, grandeza inclui serviço e utilidade para ele e para outros (Lc 22.26,27). Consideramos isto no capítulo anterior. Para alcançar a grandeza de Deus, devemos primeiro vencer nossa tendência de evitar as suas provações.

Quais alguns meios em que você e eu perdemos as lições de Deus e deixamos de crescer espiritualmente? Esses sete métodos, sinto dizer, são extraídos de minha própria experiência. Lembre-se de que já examinamos dois de nossos meios favoritos de manter longe as provações que Deus coloca em nosso caminho: *resistir* e *recuar*. Vamos examinar agora o terceiro:

136 ❧ Descobrindo o caminho de Deus nas provações

3. *Ressentimento.* Em lugar de subir a bordo e avançar para a provação que nos confronta, nós nos ressentimos do papel que outros desempenham em nossas dificuldades. Embora Deus seja absolutamente soberano em nossas vidas, pensamos erradamente que outros contribuíram para que chegássemos a esse ponto específico de dor e sofrimento. Podemos ser também tentadas a irritar-nos com Deus por nos submeter a esse problema. Deus, porém, tem um plano grandioso para nossas provações — para cada uma delas. Ele quer que as dificuldades nos ajudem a amadurecer, beneficiando-nos de seus propósitos.

O ressentimento é um assassino do crescimento. Ele produz atos pecaminosos e inibe ou impede o desenvolvimento do caráter positivo que Deus deseja para nós.

Certa manhã, eu estava ao lado de Jim na igreja enquanto ele conversava com um homem que contou ter finalmente conseguido emprego depois de meses desempregado. Ele estava efusivo: "Estou louvando a Deus por ter conseguido emprego". E prosseguiu: "Não volto para casa antes das nove ou dez da noite, mas me alegro em ir ter com os chefes às oito se for a essa hora que desejam me ver e me pagar. Depois louvo a Deus por mais tarde que seja!"

Enquanto ele compartilhava sua alegria, eu só ficava pensando: "Há uma esposa nessa história que fica esperando em casa um marido e pai ausente ou atrasado. Espero que ela esteja aceitando essa provação com boa vontade, considerando como motivo de toda alegria a chegada tarde do marido em casa à noite porque está empregado".

É fácil ressentir-nos do marido, do nosso emprego ou do dele, de nossos filhos e das provações que eles trazem a cada dia (e, às vezes, a cada minuto!), ou então do fato de estar ainda solteira (e continua a lista de situações desafiadoras na vida), mas difícil é entrar de cabeça em nossas provações. É fácil nos irritar com sogros, genros e noras, com nossos pais, nossos chefes (e assim prossegue a lista de ressentimentos), mas difícil é crescer e abandonar essa prática imatura. Nossa tendência é culpar cada situação. Devemos, porém, colocar de lado tudo isso e olhar diretamente para a maravilhosa face de Deus. Precisamos confiar nele e na sua vontade para nós em vez de ressentir-nos dos que representam um problema aos nossos olhos.

Quando ensino mulheres jovens na fase universitária, descubro que um problema bem grande para muitas delas são os pais. Quando me reúno com as jovens, pergunto às que estão presas na armadilha do ressentimento contra os pais: "Quem sabia desde a fundação do mundo quem seriam seus pais?" A luz logo se acende ao perceberem que estão se ressentindo dos pais que Deus lhes deu especificamente, aqueles que irão promover o desenvolvimento e a maturidade que ele planejou para as suas vidas.

Uma jovem então se casa e passa a ter parentes por afinidade. Se ela não permitiu que suas provações com os pais lhe ensinassem a valiosa lição de submeter-se a Deus em lugar de se ressentir com outros, pode acrescentar seus novos parentes à sua lista de ressentimentos. Porém, os pais de seu agora marido passaram a fazer parte do plano divino para realizar o que ele tem em mente para ela e para o seu crescimento. Eles são instrumentos de Deus em sua vida. A mulher espiritualmente madura compreende que Deus está trabalhando nela *por meio de* pessoas — com todas as suas peculiaridades e irritações, todas as suas falhas e comportamentos pecaminosos.

Sara, mulher de Abraão, é um exemplo triste de ressentimento e pecado. Deus prometera um herdeiro a Abraão... todavia, Sara permaneceu estéril (Gn 16.1-6). O que ela fez? Decidiu ajudar Deus a cumprir sua promessa, usando uma prática comum da época: oferecer ao marido sua serva, Hagar, como esposa substituta, com o único propósito de gerar um filho. Pelo menos durante algum tempo, Sara deixou de confiar em Deus para cumprir sua promessa por intermédio dela. O plano de Sara funcionou — mas com consequências desastrosas. Depois de engravidar, Hagar tornou-se petulante, o que aumentou o ressentimento de Sara e fez que esta se voltasse contra a serva. De fato, o tratamento dado à criada foi tão rude que a mulher grávida fugiu para o deserto, preferindo morrer a sujeitar-se à crueldade de Sara.

> *A mulher espiritualmente madura compreende que Deus está trabalhando nela por meio de pessoas — com todas as suas peculiaridades e irritações, todas as suas falhas e comportamentos pecaminosos.*

Hagar, porém, voltou porque um anjo do Senhor pediu que o fizesse. Em breve o filho de Hagar nasceu e o ressentimento de Sara aumentou ainda mais contra a serva e cresceu até incluir a criança... e até seu marido pela parte que desempenhara no plano! Em vez de confiar em Deus, permanecer em sua provação e esperar no Senhor, Sara tentou evitar o processo de

Deus. Como resultado ela acabou mais amarga e mesquinha com os que a rodeavam.

Contraste agora Sara com uma mulher espiritualmente madura que se submete à sua provação. Ela não se ressente dos testes ou das pessoas envolvidas neles. Não culpa essas pessoas. Compreende que Deus está agindo em sua vida *mediante* essas "lixas". Ela sabe que Deus tem um propósito em mente para ela — quer que se torne uma pessoa íntegra, firme debaixo das aflições e traumas, madura em cada área da vida, disposta a esperar pela ação de Deus a seu favor. Ela toma a atitude de Jó, expressada quando sua família e bens foram mortos e destruídos: "O SENHOR o deu e o SENHOR o tomou; bendito seja o nome do SENHOR!" (Jó 1.21).

Não quero, porém, esquecer-me da melhor parte da história de Sara. Ela se encontra do outro lado do rio do teste que lhe coube. Sara finalmente compreendeu. Tomou conhecimento do que apenas seus 25 anos de teste da sua dúvida e espera poderiam ensinar-lhe. Ela passou a crer em Deus. Pela fé, a própria Sara também recebeu forças para conceber um descendente e gerou um filho depois de avançada em anos, pois teve por fiel aquele que lhe havia feito a promessa (Hb 11.11).

Quando a vida parece difícil não se ressinta das pessoas nem das circunstâncias. Permaneça em sua provação. Mantenha a sua mente e coração em Deus! Deixe que ele efetue o seu trabalho perfeito em você para que se torne uma mulher madura — de caráter sólido e plenamente desenvolvido, perfeita e completa, em nada deficiente.

4. *Negação.* Você já negou ter um defeito, uma área frágil, uma falha de caráter? Já fracassou em algo, mas não quis

admitir? Já negou conhecer alguém por medo de ser perseguida como resultado de sua associação com essa pessoa? Em resposta a essas perguntas, talvez seu raciocínio seja este: "Um ponto cego? Penso que tenho uma área de pecado que não estou reconhecendo ou admitindo. Está errada. Não tem um ponto cego. Não tem essa falha ou essa área vulnerável".

É tão fácil negar o que desejamos ignorar. Tudo que temos a fazer é pôr a boca no piloto automático e disparar: "Não, você está errada". Em poucas palavras, negamos precisar das lições que Deus quer que aprendamos, ou seja, deixamos de entrar no rio do teste. Preferimos ficar na margem, presas em nosso nível atual de desenvolvimento... ou falta dele. Prontamente, sem oração ou reflexão, nós nos recusamos a crer que Deus esteja nos enviando para a sua escola a fim de aprender algo que irá nos completar, aperfeiçoar e amadurecer.

Foi isto que o apóstolo Pedro, "a rocha", fez. O surpreendente é que Jesus advertiu Pedro da sua fraqueza, e mesmo assim Pedro negou e fracassou. Veja o que aconteceu.

Jesus disse diretamente a Pedro: "Eis que Satanás vos reclamou para vos peneirar como trigo! Eu, porém, roguei por ti, para que a tua fé não desfaleça; tu, pois, quando te converteres, fortalece os teus irmãos". E o que Pedro respondeu? "Senhor, estou pronto a ir contigo, tanto para a prisão como para a morte". Mas Jesus lhe disse: "Afirmo-te, Pedro, que, hoje, três vezes negarás que me conheces, antes que o galo cante!" (Lc 22.31-34).

Este não foi o fim dos testes e fracassos de Pedro! Ele realmente negou sua associação com Jesus como o Senhor dissera. Por que Pedro negou conhecer Jesus? Afinal de contas, da primeira vez fora apenas uma criada que lhe perguntou se conhecia Jesus. Por que Pedro negou ser amigo íntimo de seu Salvador e Mestre? Preste atenção nesta lista de razões extraídas da Bíblia. Ela nos mostra um afastamento definido do caminho de Deus.

- Pedro dormiu quando deveria estar orando (Mt 26.40).
- Pedro atacou e cortou a orelha de um soldado quando deveria ter seguido o exemplo de Jesus, não tomando qualquer atitude (Jo 18.8-11).
- Quando Jesus foi preso, Pedro o abandonou e depois o seguiu de longe (Mt 26.55-56, 58).
- Pedro sentou-se entre a multidão enquanto Jesus estava sendo acusado em vez de levantar-se e defendê-lo (Mt 26.58).
- Pedro negou Cristo ao invés de falar com franqueza e admitir a verdade sobre o seu relacionamento com Jesus (Jo 18.16,17, 25-27).

Quando outros avisam você sinceramente sobre uma falha ou advertem que certo comportamento irá produzir resultados desconfortáveis, tome rapidamente essas medidas:

- *Abandone* o que está fazendo.
- *Examine* a sua vida e o que a Palavra ou mensageiro de Deus está dizendo.
- *Ouça* o que Deus tem a dizer a você por meio da oração.
- *Corrija* os seus caminhos.

142 ❦ Descobrindo o caminho de Deus nas provações

Você quer tomar decisões para maior grandeza? Tenha então como alvo escolher o caminho mais difícil — o proveitoso! — e fique perto de Deus. Não faça como Pedro, negando seus defeitos e se afastando. Admita suas falhas, entre na água, enfrente a provação que esteve evitando e siga para o outro lado — o lado do crescimento e da perfeição. Deus irá com você o caminho todo. Ele ajudará você a vencer a sua fraqueza.

5. *Comparação.* Quando encontramos dificuldades a tentação é comparar nossas provações com as de outros. Erramos quando pensamos: "Sou a única que tem de passar por isto, sofrer isto. Ninguém está enfrentando esse problema, só eu. Ninguém que conheço tem uma aflição desse nível!"

Considere essa cena envolvendo os discípulos Pedro e João. Jesus questionou três vezes o amor de Pedro em João 21 e depois lhe disse: "Em verdade, em verdade te digo que, quando eras mais moço, tu te cingias a ti mesmo e andavas por onde querias; quando, porém, fores velho, estenderás as mãos, e outro te cingirá e te levará para onde não queres. Disse isto para significar com que gênero de morte Pedro havia de glorificar a Deus" (v. 18 e 19). Jesus estava dizendo a Pedro que teria uma morte penosa, mas na maneira de sua morte honraria seu compromisso com ele.

> *O caminho mais curto para a maturidade é o caminho de Deus, que nos faz atravessar diretamente pelas nossas provações.*

O que Pedro fez a seguir? Voltou-se, olhou para João e perguntou ao Senhor, "E quanto a este?" (v. 21). Não é de admirar que o Senhor repreendesse Pedro, dizendo: "Que te importa? Quanto a ti, segue-me" (v. 22).

Não somos sempre como Pedro? Nossa natureza pecadora naturalmente compara o que estamos passando com a vida de outra pessoa e a sua aparente falta de provações — ou pelo menos aflições menores, temos certeza. Dizemos: "E ele? E ela? E aquela família? E essa situação? O que está acontecendo comigo não aconteceu com eles, pois não parecem ter qualquer problema. Olhe só para todas as minhas aflições!"

Essa comparação não funciona. Em primeiro lugar, não é sábia (2Co 10.12). Em segundo lugar, Deus trabalha na vida de seus filhos por diferentes meios e mediante "várias" provações (Tg 1.2). Paulo menciona cinco tipos diferentes de sofrimento em 2Coríntios 12.9,10: doenças, críticas, necessidades, perseguições e aflições. Comparar a nós mesmas, nossas provações, nossas circunstâncias, com as de outras pessoas indica que estamos duvidando da sabedoria e justiça de Deus. Jesus diz basicamente que aquilo que acontece com os outros não é da nossa conta. Nosso dever é segui-lo e manter nossos olhos nele (Jo 21.22).

Temos de caminhar quilômetros (ou nadar quilômetros neste rio!) até a maturidade espiritual. O caminho mais curto para a maturidade é o caminho de Deus, que nos faz passar diretamente pelas provações. A fim de alcançar o crescimento que ele deseja para nós, devemos submeter-nos ao nosso teste sem questionar a sua decisão de permiti-lo e recusar nos compararmos com outros. Deus é demasiado sábio para cometer um erro e muito amoroso para pedir que nos submetamos a tribulações sem que elas sejam para o nosso benefício e seu

144 ❧ Descobrindo o caminho de Deus nas provações

melhor plano. Deus tem um conjunto especial de circunstâncias só para você que a prepara para ainda maior utilidade no serviço dele.

Você não se alegra por Deus ter permitido que víssemos os resultados finais da sua obra na vida de Pedro? Pedro decidiu entrar ousadamente nas provações exclusivas do seu ministério. Escolheu permanecer nas provações até chegar ao outro lado — para um surpreendente ministério e a alegria final do céu, onde não há mais sofrimento, choro ou morte. A tradição cristã indica que Pedro teve morte penosa: por crucificação. Ele pediu, no entanto, para ser crucificado de cabeça para baixo por sentir-se indigno de morrer da maneira como o seu Senhor havia morrido. Pedro não negou Cristo para evitar a execução! Evidência certa de crescimento e maturidade espirituais.

Dando um passo à frente

Você notou a maturidade de Pedro? Seu caminho em direção a maior crescimento? Qual foi o processo a que se submeteu? Resposta: provações, provações e mais provações. Ele cometeu muitas falhas antes de atravessar para o outro lado de seus testes. Porém, na hora oportuna, como resultado dessas provas, ele viveu de acordo com o nome que Jesus lhe dera, Pedro, a rocha.

Uma vez que Pedro aprendeu a não negar suas fraquezas, ou seu Senhor, e a não comparar suas provações com as de outros, sua vida passou a ter uma qualidade de rocha, de granito. Tornou-se inabalável, resoluto, líder de líderes na primeira igreja. Ore para seguir os passos de Pedro depois de maduro, tomando decisões que desenvolvam grandeza, e ande pelo caminho de Deus em meio às suas provações, usando os degraus de pedra que ele proveu para o seu crescimento e aperfeiçoamento.

Lembre-se também de Sara. A sua tribulação foi longa e difícil. Imagine! Não horas ou semanas, mas 25 anos desejando algo que lhe fora prometido e não tendo sequer um vislumbre do cumprimento assegurado. Sara, todavia, permaneceu. Ela permaneceu com Abraão. Continuou acompanhando o marido enquanto ele seguia Deus e "[...] partiu sem saber para onde ia" (Hb 11.8). O caminho era acidentado e definitivamente longo, mas sua fé cresceu durante o processo. Quando Sara concebeu e deu à luz o filho prometido, todos ficaram sabendo — inclusive Sara — do milagre que Deus fizera. Sara havia certamente tentado fazer as coisas a seu modo, mas depois seguiu o caminho de Deus e ele foi grandemente glorificado.

Querida amiga leitora, é justamente isto que faz a nossa aceitação alegre das provações, com a decisão de permanecer nelas. Amadurecemos e os resultados são louvor, honra e glória a Deus! Maturidade e estabilidade são coisas humanamente impossíveis de obter por nós mesmas porque vêm de Deus. A ação, o plano e a graça do Senhor as proveram.

Deixe que a paciência tenha ação completa para que você possa desenvolver-se e tornar-se perfeita e íntegra, em nada deficiente. Torne-se uma torre de força por causa de Deus. Esteja disposta a crescer até alcançar máxima utilidade para Deus e outros por causa dele.

Qual o passo que você deve dar neste momento? Decida aceitar as suas provações. Peça a ajuda de Deus e sele o seu compromisso com uma oração de agradecimento a ele por tudo: bondade, misericórdia, graça e o plano maravilhoso para a sua vida.

As coisas que nos restringem, as coisas que nos prejudicam, as provações pelas quais passamos e as tentações que investem contra nós nos aproximam mais do Senhor para que o testemunho de nossas vidas tenha maior valor para Deus. Quando limitações nos são impostas, trabalhamos melhor para o Senhor, pois ficamos então mais dependentes dele.[1]

Tornando-se uma mulher madura

11

Lidando com os obstáculos

❦

*A perseverança deve ter ação completa, a fim de que vocês
sejam maduros e íntegros, sem lhes faltar coisa alguma.*
Tiago 1.4, NVI

Há vários anos Jim e eu tomamos a decisão de nos mudar, a primeira em dezesseis anos. Você pode imaginar a desordem e o caos. Deixamos o ensolarado sul da Califórnia para viver no encharcado noroeste do Pacífico. Saímos da enorme casa onde criamos nossos filhos, onde abrimos portas para estudos bíblicos, onde acolhemos hóspedes e familiares, onde realizamos dois casamentos. E para onde fomos? Para uma espécie de cabana pouco prática na floresta. Ela é perfeita para nós dois, um jantar em família e um visitante ocasional... e para passar longos dias escrevendo.

Esta redução significou que precisávamos diminuir a quantidade de mobília e demais pertences. Por algum tempo, pusemos tudo em um depósito, enquanto continuávamos correndo com nossa família que crescia rapidamente (inclusive netos), nossos compromissos, nossas viagens de ministério e muitas outras responsabilidades.

Chegou finalmente o dia em que reconhecemos que jamais realizaríamos o nosso sonho de organização impecável na casa até que lidássemos com o acúmulo invisível de 35 anos de casamento e vida familiar. Jim e eu mergulhamos no depósito. Examinamos tudo, tomamos decisões sobre o que fazer com cada item — guardar ou não uma caixa de arquivos ou bugigangas, uma caixa extra de molas e grades de cama, um baú querido mas grande demais que meu pai fizera para mim quando me casei e assim por diante. Um a um, peça a peça, e dia a dia dispusemos da maioria dos itens que estavam impedindo que gozássemos a ordem e a liberdade que desejávamos.

Da mesma maneira que um espaço provisório cheio de pertences inúteis e em excesso nos retirou de um estilo de vida sem constrangimentos e impediu que avançássemos, a lista de razões para não aceitar graciosamente as dificuldades que estivemos discutindo nos retém. Até este ponto examinamos: 1) *resistir,* 2) *recuar,* 3) *ressentir,* 4) *negar* e 5) *comparar.* Quando deixamos de aceitar nossas provações, adiamos uma vida melhor, maior crescimento e a maturidade espiritual que almejamos e que Deus deseja para nós.

Estou certa de que, ao encontrar provações, você tem confrontado essas desculpas e demais manobras favoritas. Como está indo? Oro para que esteja apreciando a sua transformação e compreendendo as bênçãos e os benefícios que o fato de permanecer nas tribulações irá proporcionar.

Vamos continuar agora. Há mais algumas atitudes-problema para considerar e resolver.

Lidando com os obstáculos ao progresso

6. *Orgulho.* No geral queremos que outros pensem o melhor de nós, não é? Queremos fazer o melhor possível. Organizar tudo... ou pelo menos fornecer um ar de organização a quem chega. Quando passamos por uma provação nos preocupamos com o que outros possam pensar quando nos virem lutando contra algum problema. Ficamos preocupados com a opinião de outros quando passam a saber quais os problemas específicos que enfrentamos.

> *Deixe que Deus use outros para ajudar você enquanto passa pela sua provação. Isto mostra a sua maturidade e permite que Deus opere por meio da outra pessoa.*

Sentimo-nos igualmente aflitos sobre a nossa aparência quando estamos sofrendo fisicamente.

Nossa solução? Ficar calados e evitar contato com as pessoas. Quando sofremos fisicamente nos afastamos e permanecemos em casa até que nossa aparência melhore. Quando enfrentamos certas tribulações, deixamos de ir à igreja ou aparecer em público, argumentando que voltaremos à nossa interação com outros, com nossos compromissos de ministério e nossa frequência ao culto de adoração *quando* tivermos melhor aparência ou nos sentirmos melhor, quando tudo estiver superado.

Quando se trata de enfrentar o orgulho e conservar a humildade e a sinceridade, o apóstolo Paulo é um exemplo

152 ❧ Descobrindo o caminho de Deus nas provações

positivo para nós. Ele não foi orgulhoso demais para permitir que outros o ajudassem ao experimentar suas várias provações. Paulo não era autosuficiente. Ele não cultivou um complexo de mártir ou uma atitude de autopiedade quando sofria. Veja:

❧ Paulo permitiu que a igreja de Filipos enviasse ajuda, inclusive financeira, enquanto estava sofrendo na prisão (Fp 4.15-18).

❧ Em uma carta a Timóteo, Paulo pediu que ele recuperasse a capa que deixara na casa de um amigo, encontrasse Marcos e fosse para Roma ajudá-lo enquanto estava encarcerado (2Tm 4.9-13).

❧ Paulo aceitou a hospitalidade e a amizade de Priscila e Áquila. Ele ficou na casa deles e trabalhou com eles enquanto, pela fé, ia pregar o evangelho em Éfeso em meio à oposição. O casal até arriscou suas vidas por ele (At 18.2,3; Rm 16.3,4).

Só temos alguns exemplos dos sofrimentos de Paulo e de sua necessidade de ajuda durante as dificuldades no ministério. O apóstolo não se preocupou nem ficou imaginando o que outros pensavam a seu respeito. De fato, anunciou "estou preso, mas sou prisioneiro do Senhor!" e revelou uma atitude de humildade quando afirmou: "Porque eu sou o menor dos apóstolos, que mesmo não sou digno de ser chamado apóstolo, pois persegui a igreja de Deus. Mas, pela graça de Deus, sou o que sou; e a sua graça, que me foi concedida, não se tornou vã" (1Co 15.9,10).

Da mesma forma que Paulo, a mulher dedicada a Deus — uma mulher que aceita a vontade de Deus, confia plenamente nele e entra corajosamente em suas provações — nunca é orgulhosa demais para buscar a Deus em sua dificuldade e pedir e aceitar ajuda enquanto se submete ao seu teste.

Por favor, nunca seja vítima do orgulho. Procure o propósito de Deus, *sua aprovação*, *sua* compreensão, *sua* companhia *e seu* "muito bem" enquanto entra fielmente no rio. Não se importe com o que os outros pensam ou possam pensar. Levante os olhos para o Senhor. Apoie-se nele. Aceite ajuda. Aprenda o que ele quer que você saiba.

Qual a sua experiência hoje? E qual a sua necessidade nessa provação? Quer que alguém ore por você? Compartilhe então a sua dificuldade com uma pessoa cristã. Precisa de sabedoria na sua situação? Procure outros e peça ajuda e conselhos. Necessita de uma carona para a igreja, para o hospital, para o aeroporto, seja porque não tem carro, seja porque o seu não quer dar partida? Compartilhe a sua necessidade. Não seja demasiado orgulhosa para divulgar que precisa de ajuda. Deixe Deus usar outros para ajudá-la enquanto passa por suas provações. Isto mostra a sua maturidade e permite que Deus trabalhe por intermédio da outra pessoa. Ambas serão abençoadas!

7. *Engano*. Salomão, o homem mais sábio que já viveu antes da vinda de Cristo, observou: "O infiel de coração dos seus próprios caminhos se farta" (Pv 14.14). Ele ensinou que aqueles que se desviam do Senhor irão colher as consequências dessa escolha. Como a mulher que deseja encontrar e permanecer no caminho de Deus em meio aos problemas

154 ❦ Descobrindo o caminho de Deus nas provações

desta vida, você precisa ficar especialmente alerta em relação ao autoengano.

Você sabe como saímos frequentemente do caminho de Deus e deixamos de seguí-lo? Ao desobedecer os preceitos de Deus. Quando abrimos a porta para um único pecado — qualquer pecado, quer pequeno ou grande — temos duas opções. Confessamos o delito, a escolha errada ou o mau comportamento e voltamos ao caminho de Deus, ou enganamos a nós mesmas sobre a ofensa, desculpando-nos: "Não é *tão* errado assim. Todo mundo escorrega de vez em quando. Afinal de contas, a Bíblia diz que todos pecaram! Além disso, ninguém ficou prejudicado. Que mal há nisso?" Nossa racionalização para o pecado pode continuar nesse tom; no entanto, a Palavra de Deus diz:

> Se dissermos que não temos pecado nenhum, a nós mesmos nos enganamos, e a verdade não está em nós. Se confessarmos os nossos pecados, ele é fiel e justo para nos perdoar os pecados e nos purificar de toda injustiça. Se dissermos que não temos cometido pecado, fazemo-lo mentiroso, e a sua palavra não está em nós (1Jo 1.8-10).

Pense um pouco no rei Davi e seu pecado sexual com Bate-Seba, mulher de outro homem. À primeira vista poderia ser fácil desculpar o comportamento dele. Esse deve ter sido o ponto fraco de Davi: mulheres! Mas quando você examina o relato para detectar a causa desse pecado, descobre que Davi pode ter tido um problema *antes* de ter visto Bate-Seba... outro tipo de problema. A Bíblia diz: "No tempo em que os reis costumam sair para a guerra, enviou Davi a Joabe[...] porém

LIDANDO COM OS OBSTÁCULOS 🕊 155

Davi ficou em Jerusalém" (2Sm 11.1). Fico imaginando: Será que ele estava com preguiça? Cansado? Deprimido? Ele simplesmente não teve vontade de guiar seu povo, ir para a guerra e cumprir suas responsabilidades reais?

Esse era o Problema nº 1.

O Problema nº 2 chegou logo após o primeiro. Enquanto o rei Davi ficava para trás, com quase nada a fazer exceto passear em sua varanda, ele viu Bate-Seba se banhando. Observamos em Davi como um só pecado, não reprimido e ignorado, pode levar ao pecado seguinte, desencadeando todo um processo. Davi ficou para trás, viu uma mulher casada, informou-se sobre ela, mandou buscá-la, dormiu com ela, mandou matar o marido dela e depois ocultou o crime. Davi viu, cobiçou, planejou e cometeu adultério e assassinato.

> *Deus está disposto e tem poder para mantê-la no seu caminho, bem ao lado dele, quando você entra, suporta e sai de suas provações.*

Depois desses atos monstruosos, ele se enganou durante quase um ano, protegendo-se e ocultando seus muitos pecados. Cometeu pecado após pecado, acrescentando camada após camada ao seu pecado original. Seu primeiro engano levou-o a conspirar, o que terminou em assassinato e depois em mentira.

É tentador enganar-nos, aceitando o comportamento não-bíblico, dizendo que "não faz mal" ou "não é tão errado assim", em vez de mostrar maturidade, refreando-se e fazendo o que é certo. A obediência é um sinal do seguidor de Cristo. Quando deixamos de seguir suas instruções e princípios,

Deus oferece um meio de voltarmos ao seu caminho. O que devemos fazer? Devemos orar, admitir nossa falha e seguir Deus, concordando com ele sobre o nosso pecado. Só então obtemos o seu maravilhoso perdão!

É assim que você volta ao caminho de Deus. E a oração, a doce oração, mantém você igualmente ali! Quando entrega seus problemas e provações ao Pai celestial, ele é fiel para ajudá-la a resistir e triunfar sobre cobiça, inveja, conflito, orgulho, tentação, preguiça, mentiras... e toda a lista de pecados que temos a tendência de cometer. Deus está disposto e tem poder para mantê-la no seu caminho, bem ao lado dele, quando você entra, suporta e sai de suas provações. O que aguarda você no final?

- Nova dimensão de caráter.
- Melhor compreensão de Deus.
- Maior resistência ao pecado (por causa da graça dele!).
- Identificação mais íntima com Cristo.
- Abordagem mais positiva e vislumbres do futuro.

Isto, minha amiga, é maturidade espiritual, maturidade que torna você mais produtiva e útil para o Senhor e para outros. O teste supremo da vida é o serviço; portanto, não deixe de lidar com todos os obstáculos que impeçam o seu progresso.

Permitindo que Deus trabalhe em você

Passamos vários capítulos abordando as razões para deixarmos de permitir que Deus trabalhe em nós e de nos submeter às provas dele. Vamos fazer agora uma volta de 180 graus. Vamos deixar de lado nossos temores e dúvidas sobre as nossas provações e seguir o plano de Deus.

Deus quer que nos rendamos às nossas tribulações, que nos submetamos sem qualquer resistência. Ele quer que permitamos sua obra em nós. Tudo que temos a fazer é nos curvar, apenas curvar. Não vamos quebrar. O alvo de Deus não é quebrar-nos, mas nos tornar cristãs mais maduras, úteis e estáveis. Portanto, aceite as provações dele. Deus não está pedindo para você desistir. A graça que ele promete conceder virá enquanto você avança em obediência.

Quando se trata de permitir, entregar e submeter-se a Deus, eu penso em um altar. A cada dia tento espiritual e mentalmente subir no altar e deitar-me nele. Ali estou, com o rosto para cima — face a face com Deus — abrindo para ele o meu coração e meus punhos fechados. É um momento oficial de entrega, de dar tudo a ele. Eu oro: "Aqui estou, Senhor. Toma-me; toma *tudo* de mim. Este é o teu dia e a tua vida. Sou sua serva. Toma nas mãos cada aspecto da minha vida. Estou me apresentando ao Senhor como um sacrifício vivo".

Esta oração, esta entrega formal que ofereço a Deus, ajuda-me a ceder à vontade dele — e às provações! — para o meu dia e a minha vida. Tive essa ideia baseada em um seminário a que assisti há alguns anos, chamado Successful Fulfilled Womanhood (Feminilidade Bem-sucedida). A instrutora, Verna Birkey, falou sobre "orações de compromisso" e orações para renunciar aos nossos direitos. Por exemplo, uma oração sugerida foi para mulheres solteiras: "Senhor, toma a minha vida. Entrego a ti toda decisão, Deus". Você sente a entrega

158 ❧ Descobrindo o caminho de Deus nas provações

expressa nessas palavras, ditas com sinceridade a Deus? As casadas, além da oração "Toma a minha vida", podem acrescentar: "Toma também a vida de meu marido".

Devemos da mesma forma sujeitar-nos ao teste que Deus aplica para ajudar-nos a amadurecer. Precisamos submeter-nos a ele. Submeter-se é "ceder ou sujeitar-se em reconhecimento da autoridade de outrem" (certamente a de Deus!) A definição continua: "ceder ou submeter-se em reconhecimento da autoridade ou conhecimento superior de outrem" (de Deus também!)

Dando um passo à frente

Se você quiser crescer espiritualmente, os obstáculos devem ser removidos! Este é então o primeiro passo: *entregue-se* a Deus. Dê um suspiro de alívio e de libertação. Aceite o teste que Deus colocou em sua vida.

Este é o segundo passo: *saiba* que o teste da sua fé produz perseverança (Tg 1.3). Permaneça em suas provações e deixe que a perseverança tenha ação completa (1.4). O único meio positivo para sair de uma provação é passar por ela. Não pense, portanto, em manipular as situações ou agir a seu modo, livrando-se de compromissos e responsabilidades.

O terceiro passo? *Permaneça* na provação por desejar seus resultados. Uma razão para permanecer é atestar que uma obra *completa* é realizada... e isto requer perseverança até o final.

Ninguém sabe o que pode suportar até ser provado.

Susanna Wesley

Tornando-se uma mulher madura

12

Experimentando o poder
e a perfeição de Deus

❧

E a perseverança deve ter ação completa, a fim de que vocês
sejam maduros e íntegros, sem lhes faltar coisa alguma.
Tiago 1.4, NVI

O seu colégio tinha uma equipe de lutadores? Você conheceu ou conhece um lutador? Um fato surpreendente sobre os lutadores é que eles podem treinar, levantar pesos e fazer exercícios para aperfeiçoar o corpo, mas até que lutem contra adversários, jamais desenvolverão as habilidades de que precisam.

O mesmo acontece conosco na esfera espiritual. Podemos ler a Palavra de Deus, ir a estudos bíblicos, memorizar versículos, frequentar a igreja e a escola dominical, mas até que enfrentemos realmente as provações, não teremos oportunidade para usar a fé e a confiança em Deus que estamos desenvolvendo por meio dessas atividades. Sem experiência não saberemos como utilizar melhor o conhecimento que estamos

Permitindo que Deus trabalhe em mim

Deus age por meio de provações em nossas vidas para nos "aperfeiçoar" e amadurecer. Um adversário que se tornou uma referência em minha vida me ajudou a mudar minha maneira de viver. Eu tendia a ser meticulosa em meus relacionamentos e na administração de meu tempo. Poderia até ser chamada de personalidade "tipo A". Sempre mantive meus horários e pequenas rotinas tão bem planejados que seria possível acertar o relógio com eles. Deus, porém, tinha coisas novas a me ensinar. Ele começou a trabalhar em minha atitude e no gerenciamento do meu tempo. Como fez isto? Por meio de uma provação, um teste: enviando minha família para o campo missionário. Cingapura, para ser exata!

Quando desembarcamos em Cingapura, eu mal sabia que minha vida estava prestes a sofrer uma grande mudança. Com Jim e nossas duas filhas pré-adolescentes, tivemos de aprender a viver sem carro. Você pode imaginar que trauma isso significa para alguém que morara em Los Angeles, onde os habitantes locais quase moram em seus carros? Não ter carro era passar horas todos os dias nas esquinas esperando ônibus sempre atrasados ou que nunca chegavam. Passei também um bom tempo em esquinas chamando táxis que não paravam por estarem quase sempre ocupados. Já fiquei na chuva sem transporte e sem telefone. (Isto foi antes que os celulares se tornassem tão populares.) A rotina perfeita que eu havia preparado durante décadas foi completamente destruída.

EXPERIMENTANDO O PODER E A PERFEIÇÃO DE DEUS ❦ 163

Como reagi a esse novo desafio e às provações associadas a minha situação? Amiga, Deus queria que eu avançasse para a perfeição, o que exigiu transplantar-me para Cingapura. Ali, em minha "provação", ele me ensinou uma variedade de provas sob medida, variedade de modos de viver, variedade nas maneiras de me organizar.

Aprendi que milhares de mulheres vivem de um jeito que eu nunca havia experimentado. Compreendi também que grande parte do meu material de ensino e de meus alvos didáticos não alcançaria eficácia por causa dos estilos de vida tão diferentes de meu público atual.

> *Tive de aprender a entregar a ele cada vez mais as tarefas não-executadas em meu programa e a renunciar a cada vez mais itens em minha preciosa rotina.*

Naquele país estrangeiro, aprendi então a ser flexível. Cresci em paciência ao me acostumar cada vez mais a parar e esperar. Confiança maior em Deus se desenvolveu à medida que comecei a render-me — a submeter-me — à sua sabedoria e propósito em meu novo hábito de vida. Passei a descansar mais no Senhor, a entregar-lhe cada vez mais as tarefas não-executadas em meu programa e a renunciar a cada vez mais coisas em minha preciosa rotina, a fim de que ele pudesse aperfeiçoar-me.

Quando minha família voltou aos Estados Unidos, eu era uma pessoa melhor, uma cristã mais forte, uma serva mais sensível ao Senhor, e uma encorajadora mais eficaz de mulheres em meu ministério de ensino. Modifiquei igualmente meus

164 ❧ Descobrindo o caminho de Deus nas provações

materiais didáticos para que pudesse alcançar um círculo mais amplo de mulheres com as mensagens de amor, esperança, força, graça e misericórdia de Deus.

Este é apenas um simples exemplo em minha vida de como Deus usou as provações para derreter-me, moldar-me e fazer-me crescer nele. Louvado seja o Senhor!

O poder de Deus revelado

É verdadeiramente interessante notar como Deus nos afasta da nossa acomodação e nos leva para além da nossa situação atual. Ele faz uso de provações e testes para ajudar-nos a enfrentar e vencer desafios, para que possamos realizar feitos ainda maiores para ele. Como é natural, essas lições não são fáceis nem baratas, mas desenvolvem e requerem firmeza, confiança em Deus e paciência até que haja crescimento. Teremos então melhor compreensão do poder de Deus e de como usá-lo e contar com ele em tribulações futuras.

Reserve um minuto para se inspirar na fé, na perseverança e na dedicação mostradas pelas pessoas que eram justamente como você e eu. Elas se encontraram em situações difíceis e tiveram escolha sobre como reagir. E Deus honrou a sua fé!

Na cova dos leões. Daniel era um israelita levado cativo para a Babilônia. Possuía muitas qualidades e em breve ganhou a confiança e o favor do rei. Com o tempo os oficiais da corte arderam de inveja e planejaram destruir o jovem israelita. O resultado final foi prenderem Daniel em uma cova de leões para ser morto e devorado.

Daniel, porém, confiava em Deus. Ele sabia que Deus não o abandonaria. Na cova dos leões, Daniel testemunhou o poder de Deus e a presença de um de seus anjos! Como explicou mais tarde ao rei: "O meu Deus enviou o seu anjo e fechou a boca aos leões, para que não me fizessem dano, porque foi achada em mim inocência diante dele" (Dn 6.22).

Houve então o milagre. Daniel sobreviveu ileso, Deus foi glorificado e adorado. O próprio rei escreveu ao povo: "O Deus de Daniel [...] é o Deus vivo e que permanece para sempre [...]. Ele livra, e salva, e faz sinais e maravilhas [e] foi ele quem livrou Daniel do poder dos leões" (v. 26,27). Enquanto Daniel perseverou e permaneceu em sua tribulação na cova dos leões, os incrédulos testemunharam o poder de Deus e a fé de Daniel se fortaleceu ainda mais. Daniel veio a receber algumas das maiores revelações de eventos futuros já concedidas por Deus a qualquer pessoa.

No fogo. Sadraque, Mesaque e Abede-Nego, três amigos de Daniel, foram provados pelo fogo. Eles foram lançados em uma fornalha por se recusarem a inclinar-se e a adorar uma estátua de ouro, como ordenado pelo rei (Dn 3.1-19). Esses três homens aceitaram de boa vontade sua provação e depois experimentaram o poder e a presença de Deus mediante um quarto "homem" que apareceu no fogo com eles. O rei descreveu esse "homem" como "o Filho de Deus" (v. 24-26). Essa figura é tida pela maioria dos estudiosos como sendo a do Cristo pré-encarnado.

E os resultados do período em que Sadraque, Mesaque e Abede-Nego permaneceram no fogo? Deus foi glorificado e testemunhado! Sadraque, Mesaque e Abede-Nego saíram ilesos da fornalha. Sua fé foi fortalecida pelo poder de Deus para livrá-los (v. 17). E o milagre foi testemunhado e proclamado pelo rei ao povo: "Bendito seja o Deus de Sadraque, Mesaque e Abede-Nego, que enviou o seu anjo e livrou os seus servos, que confiaram nele [...] porque não há outro deus que possa livrar como este" (v. 28,29). Depois disso, esses três israelitas receberam posições de importância e continuaram a ser um testemunho vivo de um Deus vivo.

No altar. Depois de 25 anos de espera, Abraão finalmente teve um filho de Sara. Mas o teste de Abraão não terminara de modo algum! Anos depois, Deus pediu a seu servo Abraão para oferecer seu filho Isaque sobre o altar como oferta queimada a ele. Que prova! Abraão, no entanto, entrou nas águas desse teste, levou o filho ao lugar marcado, amarrou-o e colocou-o sobre um altar.

Enquanto Abraão prosseguia e levantava a faca para matar o filho, ocorreu um milagre... mas, não até o último segundo possível! Deus falou dos céus e ordenou a Abraão que não matasse o filho. Em seguida, providenciou um sacrifício, um carneiro preso em um arbusto ali perto (Gn 22-14).

Um estupendo milagre ocorrera realmente na vida de Isaque e de Abraão. Deus é fiel ao seu povo — inclusive a nós! Ele usa seu poder para fazer-nos atravessar, ou tirar-nos, de nossas provações. A fé de Abraão não vacilou. Ele foi aprovado no teste!

Abraão é um exemplo para nós de perseverança e obediência a Deus. Ele foi um modelo de fé genuína, sendo chamado de "[...] pai de todos os que creem" (Rm 4.11).

Na cruz. Temos em seguida o supremo exemplo de Cristo permanecendo na cruz. Um homem sem pecado e o Filho de Deus, colocado ali pelo pecado do mundo, pelas mentiras e traições dos homens. Porém, ele decidiu permanecer. Perseverou. Houve inúmeros milagres como resultado da sua obediência a Deus: o milagre da escuridão ao meio-dia; o milagre da cortina do templo que se rasgou de alto a baixo; o milagre da ressurreição de Jesus; e especialmente o milagre da redenção e da salvação para nós.[1]

Ele permaneceu na cruz mesmo quando escarnecido. "Salvou os outros, a si mesmo não pode salvar-se. É rei de Israel! Desça da cruz..." (Mt 27.42). Sabemos que, por ser Deus, Jesus Cristo poderia realmente descer; mas ele perseverou, cumprindo assim o desejo de Deus para a nossa redenção. Jesus obedeceu à vontade do Pai, confiando plenamente nele, entregando-se àquele que julga retamente (1Pe 2.23).

Em todas essas circunstâncias quem foi provado permaneceu e milagres foram realizados. Nessas situações, Deus foi também glorificado. Em cada incidente a fé veio a amadurecer porque Deus fez os milagres e todos sabiam disso. Ficou claro que Deus socorrera! Deus dera as soluções! Não foram habilidades, conhecimento, capacidade, argumentação, nem manipulações astutas dos seres humanos, que finalizaram esses testes, mas 100% Deus! Os envolvidos apenas tiveram de fazer três coisas: entrar no teste, permanecer nele e esperar confiantemente em Deus.

> *No final de sua provação ou teste, você irá conhecer Deus mais intimamente, a sua fé será fortalecida e seu caráter cristão vai tornar-se resistente como prata de lei.*

Este é também o seu teste. Quando chegar uma provação (e você sabe que virá!), permaneça nela. No final de sua provação ou teste, você irá conhecer Deus mais intimamente, a sua fé será fortalecida e seu caráter cristão vai tornar-se resistente como prata de lei. Maior maturidade e mais ministérios aguardam você, com maior capacidade de resistir. As bênçãos são incontáveis!

Por quanto tempo você pode ficar?

Tenho uma pergunta muito importante para fazer a você: Por quanto tempo você consegue permanecer em uma provação? Examinando o Antigo Testamento vemos que...

Noé, pela fé, pregou durante 120 anos enquanto construía a arca. Por quanto tempo você permaneceria fiel e continuaria a transmitir a mensagem de Deus a pessoas que desdenhassem do que ouviam e achassem que você tinha perdido o juízo?

Abraão, que viveu 170 anos, foi enviado por Deus para procurar uma cidade. Abraão obedeceu sem saber para aonde ia... e morreu fiel, sem ter recebido a promessa, sem nunca encontrar a cidade que procurava. Por quanto tempo você teria procurado?

Lia, que não era bonita, e sua formosa irmã Raquel, casaram-se com o mesmo homem, Jacó. Mas a Bíblia diz que Jacó amava Raquel. Por quanto tempo você suportaria um casamento sem amor? Lia permaneceu... e no fim foi abençoada por ser a mãe de seis filhos que eventualmente representaram seis das doze tribos de Israel. Ela cresceu em maturidade e colheu suas recompensas por ter permanecido.

Rute foi também uma mulher que permaneceu — não em um lugar, mas com uma pessoa, com sua amarga sogra Noemi. Originalmente, seu nome significa "agradável", mas ela havia comunicado às pessoas "Não me chameis Noemi; chamai-me Mara", que significa "amarga" (Rt 1.20). Rute deixou sua família, sua casa e tudo o mais para seguir Noemi à sua terra natal, permanecendo ao lado da angustiada sogra. E o resultado? Ela se casou com um homem piedoso e teve um filho que veio a nascer na linhagem do Messias.

Abigail permaneceu em um casamento desagradável. Era casada com um homem insensato e alcoólatra, tendo passado a vida consertando os erros dele e as suas desastrosas consequências. O resultado de sua fidelidade, equilíbrio, sabedoria foi proveitoso? Ela veio a casar-se com o rei Davi depois da morte do marido.

E mais recentemente...

Susanna Wesley encontrava-se em um casamento desafiador e difícil. Em um resumo biográfico de sua vida, intitulado *Uma casa dividida*, descobrimos que Susanna perseverou e fez seu melhor. Seus dons precisaram brilhar através da janela nublada de seu casamento. Ela usou seus grandes talentos de liderança para treinar filhos bem-educados e disciplinados, inclusive João e Carlos Wesley. Susanna tinha condições de afirmar com segurança: "Ninguém sabe o que pode suportar até ser provado". Em vez de sucumbir ao desespero, essa mulher de fé colocou suas energias na educação de filhos bem-comportados, espiritualmente sensíveis. Ela honrou os pontos fortes do marido e perdoou suas faltas, ano após ano difícil. Além de seus deveres domésticos rigorosos, essa mulher talentosa encarregou-se de

170 ❦ Descobrindo o caminho de Deus nas provações

outros projetos e sentiu-se realizada em sua vida. Escreveu três livros religiosos para crianças e sua casa tornou-se um centro de encorajamento e ministério espiritual na comunidade. Embora seu mundo fosse pequeno e seus muros possam ter parecido altos, ela floresceu em seus limites.[2]

Susanna Wesley permaneceu... e produziu muito fruto.

Movendo-se para a perfeição

Permanecer. Permanecer. Permanecer. Não há outro meio de passar pelas provas de Deus, testemunhar o seu poder, experimentar a sua perfeição e participar de suas bênçãos de maior crescimento e contribuição. Depois de muito estudo sobre os três termos ou resultados dos testes de Deus — "perfeitos, íntegros, em nada deficientes" — compreendi que são basicamente a mesma coisa. Há algumas variações, mas o ponto é que a maturidade e o serviço são o resultado das provações suportadas e sofridas até o final. Mediante as tribulações e testes nós nos tornamos:

Perfeitos. Um sacrifício do Antigo Testamento precisava ser um animal perfeito, apropriado para ser sacrificado a Deus, sem manchas, ossos quebrados, mutilação, cegueira, doença, ou falta de alguma parte (Lv 22).

Íntegros ou inteiros, ou completos, ou totalmente desenvolvidos. Isto requer perfeição em tudo, sem quaisquer defeitos ou falta de alguma parte.

Em nada deficientes significa desejar não ter nenhum defeito ou falta de coisa alguma.

Encorajo você a perseverar. Quando as coisas ficarem difíceis, fale com Deus. Compartilhe com ele seus pensamentos e sentimentos. Ele vai compreender, não ficará aborrecido e vai dar-lhe a força de que precisa para continuar.

Dando um passo à frente

Você pode estar pensando (como faço constantemente): "De que forma poderei resistir em minhas provações? Como posso permanecer firme mais tempo?" Em outras palavras, o que é necessário para permanecer? Neste ponto você já sabe as respostas!

Passo 1: Entre em cada provação com uma atitude alegre. "Tende por motivo de toda alegria." Se conseguir enfrentar e vencer esse obstáculo, estará atravessando a sua tribulação com a ajuda do Espírito Santo.

Passo 2: Lembre-se do poder de Deus. Quando a sua provação piora e os degraus ficam mais íngremes, você luta. Lembre-se: "Acaso, para o Senhor há coisa demasiadamente difícil?" (Gn 18.14) e lembre-se da resposta: "Ah! Senhor Deus, eis que fizeste os céus e a terra com o teu grande poder e com o teu braço estendido; coisa alguma te é demasiadamente maravilhosa" (Jr 32.17).

Passo 3: Ore. A oração mantém você olhando para Deus, e ele prometeu que acabará o que começou. Ótimo! Podemos estar plenamente certas de que "aquele que começou boa obra em você" — pedindo-lhe que passe por uma provação, por exemplo — "há de completá-la" (Fp 1.6). A oração também leva você a contemplar Jesus, "o Autor e Consumador da fé" (Hb 12.2)! Ele suportou a cruz e você, ao olhar para Deus e para Jesus, não deixará de experimentar a vitória da perseverança em sua tribulação.

172 ❧ Descobrindo o caminho de Deus nas provações

Passo 4. Fique sentada em silêncio. Submeta-se. Deixe Deus trabalhar em você. Você pode continuar atirando pratos, socando gavetas e portas, batendo os pés vida afora... ou pode parar, sentar-se e perguntar a Deus: "Está bem, Senhor, o que queres de mim? Qual a lição aqui? O que queres que eu faça, pense, diga ou seja?" Fique sentada quieta na presença de Deus e permita que ele responda e ajude você a permanecer em sua provação até o fim.

Passo 5: Concentre-se nas promessas de Deus. Para isso, leia e guarde 1Coríntios 10.13 no coração. Deus promete aqui que, se as suas provações ou situação se tornarem insuportáveis, ele proverá um meio para que você possa aguentar. Não dará a você nada que esteja além das suas forças!

Cara leitora: "A perseverança deve ter ação completa, para que sejais perfeitos e íntegros, em nada deficientes" (Tg 1.4). Lembre-se também que os caminhos de Deus não são os nossos, os seus pensamentos não são os nossos pensamentos. Um poema anônimo resume muito bem essas ideias e nossa peregrinação da infância à maturidade:

Pedi forças a Deus para que pudesse ter êxito,
Fui feito fraco para aprender a obedecer humildemente.
Pedi ajuda para fazer coisas notáveis,
Foi-me dada enfermidade para realizar coisas mais difíceis.
Pedi riquezas para ser feliz,
Foi-me dada pobreza para tornar-me sábio.
Pedi poder para receber louvores dos homens,
Foi-me dada fraqueza para sentir a necessidade de Deus.
Pedi todas as coisas para gozar a vida,

Recebi vida para gozar todas as coisas.

Não obtive nada do que pedi, mas tudo que esperava.

Em meio a todos os homens sou o mais ricamente abençoado.

PARTE 4

Tornando-se uma mulher poderosa

*A maneira de Deus responder às orações do seu povo
não é removendo a pressão, mas aumentando
suas forças para suportá-la!*

Tornando-se uma mulher poderosa

13

Encontrando forças na graça de Deus

❦

Então, ele me disse: A minha graça te basta, porque o poder se aperfeiçoa na fraqueza. De boa vontade, pois, mais me gloriarei nas fraquezas, para que sobre mim repouse o poder de Cristo.

2Coríntios 12.9

Estou certa de que você já ouviu falar da Mulher Maravilha e da Super-mulher. Que menininha ou adolescente não ouviu? Elas são de fato uma dupla dinâmica e exemplos a serem imitados! Muitas de nós cresceram com esses modelos de super-heroínas. Tentamos imitar a força e o valor delas em menor escala em nossas vidas diárias não tão *super*. Tentamos realizar o impossível... só nosso índice de falhas é que está fora da escala.

Eu pessoalmente preferiria ser uma "mulher poderosa". Quero dizer com isso que gostaria muito mais de ser uma mulher, por mais fraca e limitada que fosse, cheia do poder de Deus, fortalecida por ele, trabalhando e empenhando-me de acordo com a força de Deus que opera poderosamente em

178 ❦ Descobrindo o caminho de Deus nas provações

mim. É isso que quero — e preciso disso, especialmente quando chegam as provações.

Respondendo às provações e tribulações

Aprendemos até aqui que as provações são uma realidade da vida diária. Porém, louvado seja Deus, podemos alegrar-nos nelas. Além disso, sabemos que duas grandes qualidades — estabilidade e perseverança — resultam dos testes da fé. Compreendemos também que os testes levam à maturidade pessoal e espiritual e ao serviço, que não podem ser obtidos de outro modo. Por que então nem sempre apreciamos as provações? Não as aceitamos de boa vontade? Não as acolhemos? Para falar com franqueza, as provações são com frequência penosas e frustrantes.

Vamos examinar três maneiras de evitar as tribulações: fugir, explicar e sair.

Fugir — Estamos quase sempre dispostas a tudo para não passar por uma provação. Ninguém *quer* sofrer. Ninguém está igualmente disposto a *suportar* situações difíceis. Tentamos então desviar-nos ou sair delas. Você se lembra de Jonas? Foi esta a reação dele quando Deus pediu que levasse uma mensagem de redenção ao povo de Nínive: tentou fugir na direção oposta... para longe de Nínive (Jn 1.1-3).

Como já reconhecemos que permanecer em nossas provações é o que nos aperfeiçoa e amadurece, esperamos que nossa atitude esteja mudando.

Explicar — Quando o caminho fica difícil e a estrada acidentada, é natural começar a perguntar a Deus: "Por que, oh, por que isto aconteceu comigo?" Jó teve essa reação ao tentar explicar a seus amigos e a Deus por que não merecia encontrar-se em sua situação de dor e sofrimento (Jó 29—31).

Sair — Quando sofremos, a primeira coisa que desejamos é livrar-nos dessa condição... e quanto mais cedo melhor! Essa reação pode levar-nos a mentir, manipular, cair fora, evitar certas pessoas — qualquer coisa para afastar-nos da dolorosa experiência. Abraão teve essa reação ao deixar a terra que Deus lhe prometera e viajou para o Egito durante um período de fome. E o que ele fez no Egito? Mentiu sobre quem era sua esposa e tentou manipular sua situação para evitar problemas (Gn 12.10-13).

> *Em vez de questionar e pedir uma explicação a Deus podemos pedir forças a ele e suportar até o fim.*

Todavia, Cristo, nosso Salvador, *suportou* voluntariamente o sofrimento da cruz e da separação de Deus. Nós também podemos suportar as nossas provações. Com a graça de Deus e sua ajuda, podemos continuar no seu caminho através das nossas aflições e crescer nas áreas em que ele sabe que somos deficientes.

Quais devem ser então nossas reações quando encontramos uma provação?

Alegrar-se — Esta é uma escolha e não uma emoção. Podemos pensar: *Que bom! Mais uma oportunidade para aprender com Jesus. Mais uma oportunidade para dar honra a ele. Mais um meio de aumentar minha fé e minha confiança em Deus.*

Crer — Esta é também uma decisão que devemos tomar. Decidimos pensar: *Deus promete que serei mais fiel e equilibrada quando chegar ao fim desta provação.*

180   Descobrindo o caminho de Deus nas provações

Aceitar — Há mais uma ação decisiva que podemos pôr em prática. Podemos pensar: *Faça a tua vontade, Senhor!*[2] *Toma a minha vida. Ensina-me. Faze que eu cresça. Usa-me.*

Encontrando força na fraqueza

Além dos ensinamentos de Tiago 1.2-4, há outra passagem da Escritura que procuro sempre ao enfrentar uma tribulação. Não importa o que esteja acontecendo comigo, o que tenho de passar, o que está partindo o meu coração, ou o que estou sofrendo. Volto-me para a força oferecida e assegurada em 2Coríntios 12.9. Essas palavras de promessa são ditas pelo próprio Cristo: "A minha graça te basta, porque o poder se aperfeiçoa na fraqueza".

Quem não precisa desse tipo de segurança em uma provação? Por mais de dois mil anos essa promessa de Deus ajudou os cristãos a suportarem tudo que a vida e o mundo lançam sobre eles. O apóstolo Paulo é um grande exemplo.

Paulo era um servo de Deus, mas os crentes em Corinto estavam duvidando da sua sinceridade e autenticidade como apóstolo. Paulo escreveu então para defender-se diante dos adversários. É como se tivesse argumentado: "Olhem, há algo realmente importante que eu poderia gabar-me se precisasse". A seguir, descreveu uma visão que lhe foi permitido ver e ouvir ao ser milagrosamente "arrebatado ao céu" (2Co 12.2). Que momento glorioso! Paulo, porém, explica que pelo fato de vir talvez a ser exaltado por outros e se encher de orgulho devido a essa experiência sobrenatural, "[...] foi-me posto um espinho na carne, mensageiro de Satanás, para me esbofetear, a fim de que não me exalte" (v. 7).

Não sabemos exatamente qual era o espinho na carne de Paulo, mas era provavelmente penoso ou frustrante. E como ele lidou com isso? Fez o que teríamos feito: orou. Pediu a Deus três vezes para remover o exasperante problema. No entanto, a maneira de Deus responder às orações do apóstolo não foi remover a pressão. Em vez disso, Deus aumentou as forças de Paulo para suportá-la!

E como termina a história de dor e sofrimento de Paulo? Ele conta como o Senhor o encorajou para que pudesse permanecer em sua dificuldade e continuar servindo a Cristo e a seus seguidores. Paulo relata:

> Então [o Senhor] me disse: A minha graça te basta, porque o poder se aperfeiçoa na fraqueza. De boa vontade, pois, [Paulo conclui] mais me gloriarei nas fraquezas, para que sobre mim repouse o poder de Cristo. Pelo que sinto prazer nas fraquezas, nas injúrias, nas necessidades, nas perseguições, nas angústias, por amor de Cristo. Porque, quando sou fraco, então, é que sou forte (2Co 12.9,10).

Paulo tinha um problema, um espinho na carne. Era uma provação. O que quer que fosse, era tão doloroso e preocupante que chegou a referir-se ao problema como uma "estaca", literalmente.[3] Sentia-se como se tivesse sido empalado em uma estaca aguçada. Além do mais, a origem do seu espinho na carne era Satanás. Paulo, entretanto, sabia olhar para os dois lados da moeda. Ele viu um lado — a figura de Satanás —, mas soube também girar a moeda do sofrimento para ver a imagem de Deus, daquele que permitira a provação e prometera fazê-lo atravessá-la.

Qual o propósito da tribulação? Paulo repete duas vezes: Foi enviada como uma proteção contra o orgulho, que teria prejudicado sua vida pessoal, seu ministério e seu relacionamento com Deus.

Permanecendo no caminho de Deus

Há muito a ser aprendido sobre suportar as provações e continuar no caminho de Deus com a passagem em 2Coríntios 12.7-10.

Em primeiro lugar, *a graça de Deus é suficiente*, significando que basta. Sua graça é tudo de que você precisa em qualquer ou todas as aflições. E não é só *tudo* de que você precisa, é justamente *do que* você precisa. É um tesouro de vários tipos e cores do qual você pode obter os elementos que irão se ajustar a quaisquer circunstâncias e consertar qualquer desastre que lhe tenha sobrevindo. Ele estará ali para quando você tiver necessidade. Deus nunca se atrasa, mas também nunca é apressado. A sua graça acompanhará você, fazendo que atravesse a provação até o ponto de estiramento, de ruptura, de entrega, desistência, rendição completa.

> *Não precisamos nos preocupar ou ficar imaginando, ou tentar espiar pelos cantos para ver se a graça de Deus estará ali quando passamos por uma dificuldade. Por quê? Porque ela já se encontra ali!*

Ele algumas vezes espera pelo momento de pressão extrema... e depois gloriosamente, como prometido, interfere com aquilo de que você precisa quando você precisa.

Em segundo lugar, *o poder de Deus habita em você*. A sua graça é a fonte de suas forças. Mediante o poder da graça de Deus você se torna uma mulher poderosa, alguém que pode encarar, enfrentar e suportar o que quer que aconteça.

Eis aqui outra verdade: Deus dá de sua maravilhosa graça na medida em que você necessita. Ele a dá com abundância.

A mulher espiritualmente madura pode suportar tudo, seja carregar fardos, fazer mais do que está acostumada ou realizar algo especial que Deus está pedindo que faça. Um poeta anônimo escreveu:

> Meu Senhor nunca disse que daria
> A graça de outrem, sem o espinho de outrem.
> O que isso importa, desde que para cada um de meus dias
> Graça suficiente venha para mim com a manhã.
>
> Embora o futuro traga uma cruz mais pesada,
> Não preciso sobrecarregá-lo com os meus temores:
> Sei que a graça que basta para hoje
> Continuará suficiente através dos meus dias.[4]

Quando se trata da suficiência e da graça de Deus, não precisamos nos preocupar, ou imaginar, ou espiar pelos cantos para ver se a graça de Deus estará ali quando passamos por uma dificuldade. Por quê? Porque ela já está ali! A graça de Deus será tudo de que você necessita, será exatamente aquilo de que necessita, será tanta quanto necessária, será completa.

Descrevendo a graça de Deus

A graça de Deus foi suficiente para Daniel na cova dos leões e para seus três amigos na fornalha (Dn 6.16-22; 3.19-27). O mesmo aconteceu com Ana, ao entregar o seu único filho, seu pequeno Samuel, a Eli (1Sm 1.20-28). Igualmente para Sara e Isabel enquanto permaneciam estéreis até idade avançada (Gn 18.13; Lc 1.36). Ester e Eunice, que viveram com maridos incrédulos (Et 1.19 — 2.17; 2Tm 1.5), também fruíram dessa graça. Para Lia, presa em um casamento sem amor (Gn 29.30). Para Priscila, quando ela e o marido foram expulsos de sua casa (At 18.2). Para Maria, mãe de Jesus, enquanto observava seu filho morrer — o nosso Messias e Salvador (Jo 19.23, 25). Cada uma dessas pessoas encontrou na graça de Deus as forças e o poder necessários para as suas tribulações...

...e o mesmo acontecerá com você.

Dando um passo à frente

Qual a dificuldade que você está enfrentando hoje e que imagina não conseguir transpor?

Neste exato minuto minhas provações incluem encorajamento e apoio a um irmão que está fazendo tratamento de câncer, satisfazer o prazo de entrega de um livro, encarar uma temporada de palestras mais cheia do que eu imaginava e administrar a distância física entre onze filhos e netos (eles moram na Costa Leste enquanto Jim e eu residimos na Costa Oeste). Cada uma dessas provações requer dependência de Deus e orações rogando por sua força e graça.

Outros amigos e conhecidos forneceram esta amostra de tribulações:

- ❧ Uma mulher solteira com problemas com o carro.
- ❧ Uma profissional que trabalha todos os dias em um emprego do qual não gosta e onde é maltratada.
- ❧ Uma família abalada pela surpresa de um elevado imposto.
- ❧ Uma mulher idosa enfrentando um penoso e prolongado tratamento dentário.
- ❧ Uma mulher cujo marido quebrou a perna em um jogo amistoso de voleibol, resultando em uma perda significativa de renda e peso extra a para minha amiga, que terá de ausentar-se do trabalho para visitas hospitalares e cuidar dos serviços de enfermagem em casa.
- ❧ Uma esposa jovem ansiosa por um filho, mas enfrentando seu terceiro aborto.
- ❧ Uma mulher (com quatro filhos pequenos) cujo marido fica ausente meses a fio por causa do emprego.
- ❧ Uma mulher cujo marido pediu inesperadamente o divórcio.
- ❧ Uma esposa que pediu orações porque o marido saiu de casa depois de quarenta anos de casamento e mudou-se para outro país.

A sua provação — corrigindo, suas *provações!* — podem ser diferentes destas. Você sabe agora, no entanto, que as aflições chegam em todas as formas e tamanhos. Deus, porém, não muda. Ele é imutável e a sua graça está sempre disponível para os seus filhos, à medida que lutam contra os seus fardos.

A promessa de Deus se estende a você. Sua graça é suficiente para *você* em seu conjunto pessoal e único de circunstâncias e dificuldades... mesmo enquanto mudam ao longo do dia. Querida amiga, a graça do Senhor estará também sempre disponível e será sempre suficiente.

Para dar um passo à frente, personalize este versículo cheio de verdade e promessa, apropriando-se dessas palavras: "Então, ele me disse: A minha graça te basta, porque o poder se aperfeiçoa na fraqueza" (2Co 12.9). Essa poderosa promessa foi dada ao apóstolo Paulo de Tarso, mas ela transmite encorajamento individual a cada cristão, inclusive você! Lembre-se então dela. Faça uso dela. Repita-a. Conte com ela.

O poder de Deus é também seu para as provações permanentes, para a última aflição ou incapacitação física, para uma enfermidade ou fraqueza crônica, para os ajustes inalteráveis da vida que a confrontarem. O poder de Deus é suficiente para fortalecer você em qualquer provação, a cada minuto, a cada dia, por tanto tempo quanto necessário.

Tornando-se uma mulher poderosa

14

Apoiando-se no poder de Deus

❦

Mas ele [o Senhor] me disse: "Minha graça é suficiente para você,
pois o meu poder se aperfeiçoa na fraqueza". Portanto, eu me
gloriarei ainda mais alegremente em minhas fraquezas,
para que o poder de Cristo repouse em mim.
2Coríntios 12.9, NVI

Uma de minhas paixões é ser mãe de minhas duas filhas, ter dois genros, e ser agora avó de seus sete pequeninos. No momento, o que sinto é mais bem descrito como paixão *ardente*! Durante as três últimas décadas estudei a Bíblia e li vorazmente sobre ser mãe. Pesquisei e escrevi muito também sobre este papel vital de ser uma mãe cristã para ajudar outras mães que pudessem necessitar de auxílio como eu precisei!

Durante meus estudos encontrei uma afirmação que permaneceu realmente comigo no correr dos anos: "A fraqueza sempre apela para a sua simpatia. Pergunte à mãe cuidadosa qual o filho que recebe a maior parte de seus pensamentos e atenção. Não é aquele que é forte e capaz de cuidar de si

190 ❧ Descobrindo o caminho de Deus nas provações

mesmo, mas o enfermiço e fraco, que é aconchegado mais de perto ao coração da mãe". [7]

Ganhando algo melhor

Enquanto reflito sobre essa ideia, não posso deixar de pensar no amor de Deus por nós e na sua promessa em 2Coríntios 12.9: "A minha graça é o suficiente para você, pois o meu poder é mais forte quando você está fraco" (BLH). Deus não nos promete uma vida despreocupada, mas aperta junto ao coração aqueles que estão sofrendo. Sempre misericordioso, seus olhos e ouvidos estão sempre abertos para os seus amados que necessitam dele (1Pe 3.12). Sempre generoso, Deus abençoa seus filhos fracos com os dons inestimáveis de sua própria força e poder.

Jesus fez esta afirmação a Paulo, seu servo fiel e sofredor. Um dos mais poderosos porta-vozes de Deus, o apóstolo Paulo se viu enfraquecido por uma aflição. Depois de orar fervorosamente pela remoção desse "espinho na carne", Paulo recebeu a resposta de Deus. Em lugar de remover a causa do sofrimento de Paulo, cheio de compaixão Deus decidiu dar a ele algo muito melhor do que uma vida livre de cuidados. Decidiu dar a Paulo toda a força que viesse a precisar para *suportar* sua agonia imediata e atravessar para o outro lado. Deus prometeu a Paulo — e a nós! — toda a força de que necessitasse para suportar e triunfar sobre *todos* os sofrimentos, dificuldades e provações que passasse. Deus concedeu o *seu* poder a Paulo para fortificá-lo *enquanto* sofria.

Fica claro que Deus preferiu não dar a Paulo uma vida livre de sofrimentos e cuidados. Em vez disso, concedeu a ele a sua graça todo-suficiente para cada minuto e cada necessidade em sua vida. Em vez de enviar ajuda por outros meios, o Senhor derramou sobre o seu servo sua grande e maravilhosa graça! Paulo teria algo melhor do que uma vida sem preocupações: teria de Deus tudo de que necessitava para enfrentar o que lhe sobreviesse, a fim de amadurecer espiritualmente. Em sua fraqueza, Paulo recebera o poder de Deus para suportar, avançar e triunfar. Ao invés de remover o problema de Paulo, Cristo o abençoou com graça suficiente para atravessá-lo.

O resultado? Paulo ganhou algo significativamente melhor do que alívio temporário em uma provação. Ele ganhou o poder de Cristo. Como observa o teólogo Charles Ryrie: "O poder de Cristo em Paulo era mais importante do que a libertação da dor".[3]

Fazendo a fraqueza trabalhar

Um aspecto interessante do poder de Deus é que ele é aperfeiçoado em nossa fraqueza. De modo surpreendente, quando estamos fracas, sofrendo e necessitadas, o poder de Deus está disponível. De fato, a sua força encontra seu alvo em nossa fraqueza. Para "falta de força" em 2Coríntios 12.9 é usada a palavra "fraqueza". Você já se sentiu sem qualquer força? Absolutamente sem energia? Boas notícias! A sua fraqueza é exatamente o elemento que permite ao poder de Deus manifestar-se mais perfeitamente em sua vida. Isto nos leva a uma escolha. Quem vai vencer? "Ele" ou "eu"? Vou confiar em Deus e no seu poder e graça... ou continuarei a apoiar-me em meus recursos e habilidades pessoais?

192 ❧ Descobrindo o caminho de Deus nas provações

D. L. Moody, um pregador notável e renomado de tempos idos, afirmou: "Na parceria divina contribuímos com a fraqueza". Deus contribui com toda a força enquanto com grande facilidade e constância contribuímos com fraqueza ao nos defrontarmos com nossas provações e seu plano para as nossas vidas. Nossas *fraquezas* nos fazem ver a necessidade da sua *força*. É a *nossa fraqueza* que mostra a *sua força* em nós! Portanto, quando somos fracos, somos realmente fortes, potentes e poderosos porque a força de Deus é revelada, cumprida e completada, mostrando-se mais eficaz.

Em outras palavras, o *poder de Deus* alcança sua plenitude de força ou o seu clímax em *nossa fraqueza*. Tudo o que conseguimos enfrentar e suportar devemos a ele. Suportar e vencer tudo por e com sua graça, sua suficiência, sua força, seu poder, que se manifestam em notável contraste com a nossa absoluta fraqueza.

Como isso funciona pessoalmente? Compreendi que sou o ponto fraco no relacionamento que tenho com Deus. Ele é o poderoso. Enquanto dura a minha provação, a graça de Deus também permanece. A minha força é rival de Deus, ela oculta ou encobre o seu trabalho; mas a minha fraqueza é sua serva, permitindo que o seu poder transpareça.

O caminho de Deus nem sempre é tirar seus filhos das tribulações, mas sim dar-lhes força para suportar as dificuldades. Esta deve ser a nossa condição preferida porque permite que Deus seja revelado e que cresçamos espiritualmente fortes.

Pondo a força de Deus para trabalhar em casa

À semelhança da maioria das mulheres, eu preciso especialmente pedir a graça de Deus em meus deveres diários. Você sabe, aquelas tarefas mundanas, coisas rotineiras que tenho de fazer durante uma grande parte de minha vida. Por exemplo, eu me lembro quando minhas filhas, que só têm treze meses de diferença, eram pequenas. Creio que foram quatro anos de disciplina praticamente o tempo todo. Eu levantava e orava para que não tivesse de castigá-las naquele dia: "Senhor amado, por favor, só por hoje, deixe que seja um dia

> *O caminho de Deus nem sempre é tirar seus filhos das provações, mas sim dar-lhes força para suportá-las.*

agradável". Quando o dia terminava, porém, eu sentia que não tinha sido absolutamente uma mãe. Tinha sido um xerife ou juiz, vigiando minhas menininhas o dia todo, dando ordens e repreendendo. "Não faça isso! Pare com isso! Vá para o seu quarto! Vou disciplinar você!"

Posso recordar ainda de ter lembrado a mim mesma: "Tenho de fazer isto agora enquanto elas são pequenas. É isto que a mãe faz neste estágio da vida dos filhos. Se não fizer isto agora, todos vamos pagar mais tarde". Foi também nesse período em que achava que a única palavra que eu dizia ou ouvia o dia todo, todos os dias, era "não!" Minhas garotinhas diziam não para mim e eu dizia não para elas. Cheguei até afirmar: "Não, você não vai dizer *não* para mim!" Ao que parece, tudo o que eu fazia era disciplinar a cada hora, desde a manhã até a noite.

Eu na verdade não desejava treinar meus filhos, nem sei como teria feito isso se decidisse tentar. Sentia-me tão inadequada, e em meus momentos de fraqueza queria muito desistir.

194 ❦ Descobrindo o caminho de Deus nas provações

Mas Deus me convenceu da importância da fidelidade através da sua Palavra. Dependi então e me apoiei na sua graça. Ele me capacitou a continuar e permanecer fiel durante aqueles anos difíceis.

As mulheres têm muitos outros deveres e responsabilidades: o trabalho doméstico que não acaba, o desafio de cuidar das pessoas que vivem conosco. Quer essas pessoas sejam da família, convidados, parentes idosos ou amigos, indivíduos doentes ou à beira da morte, levantamos todos os dias e os enfrentamos. Estão bem à nossa frente. Não esqueça também do preparo das refeições, refeições e mais refeições. Arranjar mais mesas. Lavar mais pratos. Enxugar mais balcões. Lidar com mais lixo. Quando, às vezes, penso na cozinha grito alto: Ai! Porque há sempre algo a fazer ali, algo que precisa ser removido, algo a ser limpo, algo a ser feito para que a próxima refeição possa começar.

Será que preciso falar sobre a lavagem de roupas que nunca acaba? Lembro-me da autora Elisabeth Elliot falando de uma visita à sua filha e os oito filhos dela. A sra. Elliot perguntou à filha: "Qual o pior de ter tantos filhos?" A resposta dela: "As roupas para lavar. Não consigo dobrar, passar e guardar tudo". Ela tem razão! (Por falar nisso, esta foi a dica para a sra. Elliot sobre a melhor maneira de ajudar a filha durante a sua visita. Ela lavou, dobrou, passou e guardou as roupas enquanto se achava ali.)

Você acha que lidar com os deveres diários em casa — cuidar das pessoas e das coisas — requer a graça de Deus? Sim! É a tarefa dele para nós — e, sim, isso tem as suas recompensas, mas é cansativo, algumas vezes desencorajador e quase impossível. Louve a Deus pela sua graça que vem nos socorrer quando estamos exaustas, sem tempo e desanimadas com as tarefas mundanas.

O alvo dos desafios da vida

O poder e a graça de Deus são suficientes para as muitas crises e os desafios inesperados que surgem em nosso caminho. Minha família experimentou pessoalmente um tufão, um terremoto fatal de 6,8 graus, o ataque terrorista ao World Trade Center em 11 de setembro de 2001, um furacão, um incêndio em nossa casa, muitas tempestades de neve e numerosos apagões de energia prolongados.

E você? Está familiarizada com a cena? O telefone toca e é o médico com resultados terríveis do exame que você fez. (E você pensou que estava apenas fazendo um exame "de rotina"!) Ou um pai idoso telefona com notícias de piora da saúde. Ou o hospital telefona para falar de uma emergência médica para um dos pais. Ou a polícia entra em contato com você para avisar que um ente querido teve um acidente de carro. Ou um vizinho chama para dizer que há algo de errado em sua casa e você deve ir até lá, ou chamar a polícia, ou a ambulância. Louvado seja Deus porque a sua força e poder estão disponíveis durante as crises e desastres!

O poder de Deus é seu para as provações permanentes, para a aflição física duradoura ou incapacitante, para a moléstia ou fraqueza constante, para os ajustes inalteráveis da vida que confrontam você. O poder de Deus é suficiente para fortalecer você a cada dificuldade, cada minuto, cada dia, por tanto tempo quanto for necessário.

A graça de Deus é também suficiente para o que é transitório. O poder está ali quando você precisa, tanto quanto precisa, e na hora certa. Força está à sua disposição para terminar o que quer que deva ser feito.

Deus toma as suas fraquezas e incapacidades e as preenche e substitui com seu extraordinário poder. Sua força capacita você a permanecer, ficar, suportar, trabalhar, ajudar outros, cuidar de tudo até o fim.

O poder magnífico do Deus que criou o universo é também suficiente e disponível para novos começos. Algumas vezes Deus faz que deixemos o que é familiar e tenhamos um novo começo em uma nova casa, uma nova igreja, uma nova cidade (ou país), em uma nova vizinhança. Nossos filhos começam a estudar em uma escola diferente. Ou nós começamos em um novo emprego, um novo casamento. Ou devemos começar outra vez depois de uma longa enfermidade ou recuperação. Ao encararmos um futuro desconhecido permeado de desafios estranhos, enfrentamos a sua novidade com nosso Deus familiar, imutável, com todo o seu poder e força. Por mais temerosas ou tristes que estejamos, ou quão profundo seja o nosso receio, ou quando nossos corações estão partidos, Deus está ali para capacitar-nos a ir até o fim. Ele nos dará da sua força. Deus promete e supre isso. E sempre o fará.

Dando um passo à frente

Você sabe agora o segredo de ser uma mulher poderosa? É o que chamo de uma percepção "Ele-eu". Ele é forte e suficiente... e eu não sou. Tenho então uma escolha a fazer. Posso apoiar-me, depender e receber a sua toda-suficiente, todo-poderosa graça, ou posso apoiar-me e depender de mim mesma: uma proposta sem dúvida desvantajosa! O mesmo se aplica a você. Qualquer que seja o desafio ou obstáculo em sua vida, qualquer que seja a tentação, a impossibilidade, o estresse físico ou emocional que perturbe a sua vida, lembre-se: a graça e o poder de Deus são suficientes. Essas verdades impressionantes, gloriosas e milagrosas não podem ser ditas mais simples, positiva e poderosamente: Deus dá a sua graça e poder a você!

Como você pode então incorporar isto em sua vida? Como pode usufruir o poder de Deus em sua vida cotidiana?

Passo 1: Memorize 2Coríntios 12.9,10: "Então ele me disse: 'A minha graça te basta, porque o poder se aperfeiçoa na fraqueza' [...]. Pelo que sinto prazer nas fraquezas [...], para que sobre mim repouse o poder de Cristo". Deus é poderoso, a sua graça é poderosa. E a sua Palavra é também mais poderosa do que uma espada de dois gumes (Hb 4.12). Uma vez que 2Coríntios 12.9 seja seu e esteja gravado em seu coração — e armazenado em seu arsenal! — , o que quer que venha a enfrentar, você pode se lembrar disso: "Deus diz que a sua

> *A força de Deus capacita você a permanecer, ficar, suportar, trabalhar, ajudar outros, cuidar de tudo até o fim.*

graça é suficiente e seu poder irá encobrir a minha fraqueza. O que quer que isto seja, o que quer que me traga, o que quer que esteja esperando por mim quando chegar lá, e por mais tempo que dure, ele me dá a sua graça. Ele irá ajudar-me a passar por isso".

Conhecer e fazer uso dessa verdade ajudará você a se aproximar das dificuldades com pensamentos bíblicos. O que quer que esteja acontecendo com você, ou o que quer que tenha de enfrentar, compreenda que não é esmagador. Não é um desastre total. Não é o fim. Não é impossível. Não é mais do que você pode suportar. Por quê? Por causa da graça e da força de Deus. Esta verdade é uma espada que você pode usar enquanto luta contra a depressão, o desânimo, a ansiedade, o medo. É o seu unguento quando está sofrendo, se encontra em uma situação penosa ou passa pela dor gerada por algo injusto ou parcial.

Passo 2: Compreenda que esta é uma promessa. Quando nossas filhas eram pequenas, Jim contribuiu para um ministério cristão e recebeu como agradecimento um porta-versículos de plástico na forma de um pão. Ele veio com cartões coloridos de cores alegres, cada um com um versículo de promessa. Nós o colocamos na mesa do café e a cada manhã um de nós pegava uma promessa de Deus do pequeno pão e a lia em voz alta. Imagine agora você tirando desse pão um versículo e descobrindo que todos eles contêm a promessa de 2Coríntios 12.9. A cada dia de sua vida você é lembrada de que a graça de Deus é de fato suficiente para você! Agora, não só imagine: aceite. Isto é verdade. É real. Viva de acordo com essa promessa!

Passo 3. Compreenda que a graça de Deus é um fato. Ele diz que a sua graça é suficiente. Portanto, é mesmo e você pode contar com ela. Esta promessa não é sobre você, é sobre Deus. Sabemos que somos fracas, mas podemos fiar-nos na promessa da sua força para nos apoiar.

Passo 4: Compreenda a verdade de que a graça maravilhosa de Deus está presente quando parece que nada mais resta. Quando não há outra esperança, essa verdade é a sua esperança. A sua graça se acha com você e é mais que suficiente. Não há poder maior disponível para você neste mundo! Pode contar com isso!

Na parceria divina contribuímos com fraqueza.[1]

D. L. MOODY

Tornando-se uma mulher poderosa

15

Beneficiando-se do poder de Deus

❧

*Mas ele me disse: "Minha graça é suficiente para você,
pois o meu poder se aperfeiçoa na fraqueza". Portanto, eu me gloriarei
ainda mais alegremente em minhas fraquezas, para que o poder
de Cristo repouse em mim. Por isso, por amor de Cristo, regozijo-me
nas fraquezas, nos insultos, nas necessidades, nas perseguições,
nas angústias. Pois, quando sou fraco é que sou forte.*
2Coríntios 12.9,10, NVI

Um dos benefícios dos meus anos no coro da igreja foi ver as pessoas que compareciam aos dois cultos a cada domingo de manhã. Uma pessoa que eu notava era Mary, esposa de um de meus pastores. Quando penso no conceito bíblico do poder de Cristo "repousando" sobre uma pessoa, parece-me tão evidente e perceptível que isso ocorre com Mary. Desde que fiquei sabendo do diagnóstico de câncer terminal do marido dela, observei aquele casal sofredor sentado na primeira fila domingo após domingo.

Não posso sequer começar a descrever o impacto que suas vidas radiantes me causou. Tive mais oportunidades de ficar

204 ❧ Descobrindo o caminho de Deus nas provações

próxima de Mary do que do marido dela e testemunhei então ao vivo a força de Deus nessa irmã. Vi como suportou todos os exames e tratamentos de seu ente querido, suas hospitalizações, sua dor sempre presente e sempre crescente. Fiel e corajosamente, Mary permaneceu ao lado do esposo até o fim. Mudaram-se para ficar mais perto de um de seus filhos e da família dele durante os últimos dias do marido.

Enquanto se achavam na igreja eu olhava para Mary e pensava: "Como ela pode fazer isto? Como pode lidar com isto? Como pode suportar isto?" Todavia, ali estava ela todas as semanas, de rosto alegre, prosseguindo em seus ministérios, vivendo fielmente em todos os aspectos da vida, continuando a ajudar outros. Ela era um verdadeiro testemunho visual da glória e força de Cristo enquanto ficava firme sob as enfermidades que Deus tinha permitido em sua vida. Todos viram a evidência do poder de Cristo "repousando" ou habitando nela (2Co 12.9). Como Mary conseguia agir assim? Uma das coisas que ela fez — e você e eu devemos fazer também — era reconhecer as suas provações.

Reconhecendo as suas provações

Nas páginas 51 e seguintes discutimos meios que os cristãos encontram para evitar seus problemas. Esse não era, porém, o caso de Mary. Ela não estava negando seu problema, procuram um meio de fugir ou desviar-se. Não, o que procurava era um caminho para *atravessá-lo*. Reconheceu abertamente as provações pelas quais ela e o marido passavam e logo pediu orações. Permitiu também que outros ajudassem de diferentes maneiras.

Vamos então aproveitar o exemplo de Mary. Pergunto a você agora, enquanto entramos neste capítulo sobre ser uma mulher poderosa — uma mulher de força e poder — para mencionar a situação irritante, impossível, ou insuportável que você está enfrentando no momento. Você sabe, aquilo em que pensa continuamente. O que causa mais dor, aflição, preocupação ou tristeza. O que a aborrece mais? Você pode dizer que é o "buraco em seu balde" que precisa ser cheio com a alegria, paz e poder de Deus. Seu problema está sempre ali. Parece que toda a sua energia está continuamente vazando e escorrendo pelo buraco. A cada vez em que pensa em sua tribulação, ou a encontra de novo, lá se vai a sua alegria, sua paz, seu contentamento.

Fiz recentemente o mesmo exercício e identifiquei duas causas. Uma delas é uma situação, a deterioração física de um ente querido. E exceto aconteça um milagre de Deus, isso não vai mudar para melhor ou desaparecer. Todos os dias ao acordar, esse é meu primeiro desafio, que enfrento espiritual, mental e emocionalmente, assim como em oração. Quando olho de frente essa provação, recebo forças de 2Coríntios 12.9 para continuar mais um dia: "A minha graça te basta, porque o poder se aperfeiçoa na fraqueza".

É admirável como nada mais é necessário para me acalmar: "Minha graça te basta". São apenas quatro palavras que me transformam em um segundo. O quadro geral não muda, mas o peso das verdades sobre a graça e o poder de Deus faz a minha dificuldade desaparecer nas sombras, à medida que a luz muda do problema para a graça e força todo-suficientes do Senhor. Lembre-se de que a verdade me transforma enquanto permaneço em minha situação.

206 ❧ Descobrindo o caminho de Deus nas provações

Meu segundo desafio diário é um relacionamento. Uma pessoa que encontro frente a frente várias vezes por semana. Quando isto acontece, penso nos sentimentos que brotaram nas questões difíceis e nos encontros problemáticos do passado. Nesse desafio alcanço poder na promessa de que a graça de Deus é e será tudo de que preciso. Torno-me novamente calma. Nada mais necessita ser dito ou feito. Estas palavras mudam novamente a mim e ao relacionamento.

Pense nisto: O que é preciso em um relacionamento tenso para sorrir, ser amável, bondosa, generosa? A graça de Deus é necessária. E a sua graça está sempre ali e sempre suficiente para nós ao enfrentarmos dificuldades... e pessoas difíceis!

> *O peso das verdades sobre a graça e o poder de Deus faz a minha dificuldade desaparecer nas sombras, à medida que a luz muda do problema para a graça e a força todo-suficientes do Senhor.*

Uma verdade maravilhosa: Quer o seu problema seja uma situação ou pessoa difícil, você vai obter força, poder, sabedoria e graça de Deus para enfrentá-lo diretamente, suportá-lo e triunfar. Deus prometeu isso. Você *vai vencer!* Será capaz de lidar com a situação. Será capaz de aceitá-la qualquer que seja a forma em que vier. Vai atravessá-la. Terá a vitória. Por quê? Porque *Deus* e não você fornece a graça todo-suficiente necessária.

Pergunto então agora a você: haverá uma provação ou situação em que a graça de Deus não estará disponível ou será insuficiente? A resposta é nunca, nunca, nunca! A sua graça é uma suficiência que não falha. A sua graça foi a fonte de poder da minha amiga especial, Mary, e ela será também a sua fonte de força.

Respondendo à graça de Deus

Depois de reconhecer a nossa provação e a graça todo-suficiente de Deus, o movimento seguinte a ser feito é responder à graça e ao poder divinos. O que podemos fazer além de ficar em reverência e adorar, agradecer e louvar? O apóstolo Paulo nos diz qual foi a sua resposta. Ele declarou ousada e alegremente: "De boa vontade, pois, mais me gloriarei nas fraquezas, para que sobre mim repouse o poder de Cristo" (2Co 12.9). Enquanto permanecia no paradoxo de sua fraqueza e da força de Deus, Paulo aceitou de todo coração o "não" de Deus ao pedido para que o seu "espinho na carne" fosse removido. Paulo creu totalmente e sem reservas que a vontade de Deus era o melhor para ele — e que a graça de Deus era de fato suficiente para ajudá-lo a suportar o seu fardo.

O apóstolo não só se submeteu a Deus e à sua enfermidade, como se submeteu *alegremente*, até o ponto de vangloriar-se da sua fraqueza. Paulo gloriou-se em sua fraqueza! Por quê? Porque em sua fraqueza e através dela, Cristo atuaria poderosamente por meio dele. O poder de Cristo plenamente manifestado por intermédio dele, um vaso frágil, seria como uma demonstração espetacular de luzes! Paulo era sábio, instruído, educado pelos melhores dos melhores, um advogado e professor poderoso, abençoado pela sua excelente herança e linhagem judia. A sua fraqueza produziu, no entanto, um elemento ainda mais poderoso na sua vida e testemunho — o poder de Cristo em ação.

208 ❦ Descobrindo o caminho de Deus nas provações

O poder extraordinário e sobrenatural de Deus não se manifestou apenas mediante a enfermidade de Paulo, mas também o colocou em um "relicário". "Repousou" nele. O envolveu como um "tabernáculo". Agiu como uma proteção sobre ele. Encobriu a fraqueza e a enfermidade de Paulo, levando seu trabalho e obras a serem 100% eficazes apesar do seu problema e de sua falta de força.

> *Quais as respostas certas para as provações? Gloriar-se nelas! Gloriar-se na proteção de Cristo! Gloriar-se na força de Cristo!*

Quais as respostas certas de Paulo para nós sobre provações contínuas?

Gloriar-se nelas! Deixe que seus males se tornem seu orgulho e alegria, as coisas de que se vangloria e das quais se orgulha. Descubra alegria nelas e fique contente nelas. Este é um desafio que pode exigir um enorme ajuste de atitude porque esta reação é definitivamente diversa da nossa resposta normal às provações e sofrimento.

Glóriar-se na proteção de Cristo! Paulo diz que você pode gloriar-se e ficar contente em suas enfermidades inglórias, porque o poder de Cristo repousa em você.

Cristo repousa em você: "Repousa em você" é um belíssimo conceito que significa habitar em uma tenda. Em outras palavras, Deus vem e arma sua tenda sobre você. Pense nisto: Cristo habitando em você e fazendo de você um santuário, cobrindo você. Ele vem pousar sobre você, encobrindo completamente a sua enfermidade como um tabernáculo, uma tenda. Você vai conhecer a presença e a energia de Deus e outros reconhecerão também que Deus está dando poder e capacidade a você. A força que ele lhe transmite em suas fraquezas dá testemunho de que está fortalecendo você.

Gloriar-se na força de Cristo! Quando limitações nos são impostas tendemos surpreendentemente a fazer nosso melhor trabalho para o Senhor. É então que, em fraqueza, somos mais dependentes dele. E isto é razão para gloriar-nos. A própria fraqueza da nossa natureza é condição escolhida — uma condição preciosa, de altíssimo valor — sobre a qual Deus pode manifestar sua força. Sua fraqueza fortalece sua dependência de Deus. Nas palavras de Paulo, "glorie-se" em suas enfermidades porque o poder de Cristo repousa em você!

Testemunhando a força de Deus em outros

Muitos personagens bíblicos ilustram a decisão de Paulo quando declarou:

> Pelo que sinto prazer nas fraquezas, nas injúrias, nas necessidades, nas perseguições, nas angústias, por amor de Cristo. Porque, quando sou fraco, então, é que sou forte (2Co 12.10).

Aqui estão alguns deles para inspirar você.

Sansão — A capacidade física é uma bênção que podemos possuir, mas que talvez nos impeça de depender mais de Deus. A história de Sansão no Antigo Testamento (Jz 13—16) é um exemplo perfeito de alguém que tentou viver por suas próprias forças. Deus deu a Sansão força invulgar e qualidades de liderança. Com essas habilidades dadas por Deus, ele deveria guiar a nação de Israel. Sansão, porém, desperdiçou e fez mau uso desse poder em prazeres pessoais e egoístas que permitiram aos inimigos obter finalmente o segredo do seu poder: estava em seu cabelo que nunca fora cortado. Os adversários de Deus cortaram então o cabelo de Sansão, arrancaram seus olhos e o prenderam em correntes na prisão.

No tempo determinado, Sansão foi exibido publicamente como prova da força dos deuses de seus inimigos sobre a força do Deus dos israelitas. Em um último esforço, o cego Sansão, àquela altura em um estado de completa fraqueza e desamparo, pediu a Deus que o fortalecesse pela última vez, orando: "SENHOR Deus, peço-te que te lembres de mim, e dá-me força só esta vez, ó Deus, para que me vingue dos filisteus, ao menos por um dos meus olhos [...]. Morra eu com os filisteus" (Jz 16.28,30).

Deus respondeu. Sansão derrubou as colunas que suportavam o templo pagão onde os zombadores de Deus se achavam reunidos. O resultado da força de Deus capacitando Sansão em sua fraqueza foi ele ter matado mais em sua morte do que aqueles que matara em sua vida" (Jz 16.30). Em sua fraqueza Sansão foi feito forte.

Eliseu — A maioria dos grandes líderes começa sua carreira como simples seguidores. Eliseu era um lavrador que arava seu campo quando o poderoso profeta de Deus, Elias, passou e disse a Eliseu que se juntasse a ele (1Rs 19.16—2Rs 13.20). Durante muitos anos Eliseu viajou na capacidade de servo com o grande profeta Elias. No tempo de Deus, Elias foi levado ao céu e Eliseu recebeu o cargo de grande profeta e porta-voz de Deus para os israelitas. A Escritura registra que, depois de ter esperado e servido, Eliseu realizou duas vezes mais milagres que seu mentor. Em sua fraqueza Eliseu foi feito forte.

Estêvão — A primeira igreja de Cristo tinha um bom problema: milhares de pessoas iam a Cristo. Clara e compreensivelmente os líderes da igreja precisavam estudar a Palavra de Deus e orar a fim de orientarem adequadamente aquela igreja que crescia tão rapidamente. Quando os líderes ficaram sabendo das necessidades das muitas viúvas, eles pediram que homens piedosos e sábios fossem escolhidos para ministrar alimento aos pobres, aos necessitados e às viúvas. Estêvão foi um desses escolhidos para ser um servo de outros (At 6.1-6).

No tempo certo Deus tomou o humilde servo, cujo trabalho era "servir às mesas", e o capacitou a fazer "[...] prodígios e grandes sinais entre o povo" (v. 8). Mais tarde, Estêvão teve de apresentar-se desamparado e fraco diante dos perseguidores. Ele foi cheio e recebeu poder do Espírito Santo, sendo fortalecido por uma visão de Jesus. Ao ser apedrejado até a morte, Estêvão foi fortificado por Deus. Ele clamou: "Senhor Jesus, recebe o meu espírito! [...] Senhor, não lhes imputes este pecado!" (At 7.59,60). Em sua fraqueza Estêvão foi feito forte.

Você quer juntar-se a esses servos de Deus que encontraram sua força nele? Dê um passo... ou dois... ou três... para a frente!

Dando um passo à frente

Sei que você conhece pessoas que estão passando por provações insuportáveis. Você pensa, assim como pensei sobre Mary: "Como elas aguentam esses terríveis problemas?"

212 ❧ Descobrindo o caminho de Deus nas provações

Ficamos sabendo agora que uma situação aparentemente impossível é exatamente o que Deus pode usar para permitir que a sua glória e majestade se manifestem. Por meio de nossas fraquezas, Deus pode receber todo o crédito pelo que realizou por intermédio de nós. Sem o seu poder e capacitação é impossível suportar experiências desafiadoras de maneira cristã.

Amo a verdade da força de Deus em nossa fraqueza porque significa que nele e por causa dele, você e eu podemos enfrentar e entrar ousadamente em nossas provações, triunfando sobre cada uma delas! Na maioria dos combates há um vencedor e uma vitória. Alguém vence. No geral não sabemos quem será o vencedor. Só sabemos o resultado quando a batalha termina. Como filha de Deus, no entanto, você entra em cada situação — cada batalha — da vida *sabendo* de antemão que devido à graça de Deus você *vai* vencer, *será* vitoriosa, *vai* triunfar. *Jamais* enfrentará qualquer situação onde o poder de Deus não possa capacitá-la e a sua graça não habite em você.

Essa compreensão é transformadora de vida! Basta pensar: Nada surgirá em sua vida que não possa resolver. Com a ajuda de Deus nenhuma provação deixará de ser solucionada. A força e o poder de Deus estarão ali quando você necessitar. Portanto, seja corajosa!

Acredite corajosamente na graça e no poder de Deus. Entre corajosamente em suas provações. Espere corajosamente a maior vitória de todas: a força de Deus manifestada através da sua fraqueza.

*Deus sabe como equilibrar fardos e bênçãos,
sofrimento e glória!*

WARREN WIERSBE

Tornando-se uma mulher poderosa

16

Tornando-se uma obra de arte

🌾

_Portanto, eu me gloriarei ainda mais alegremente em minhas
fraquezas para que o poder de Cristo repouse em mim. Por isso,
por amor de Cristo, regozijo-me nas fraquezas, nos insultos,
nas necessidades, nas perseguições, nas angústias. Pois,
quando sou fraco é que sou forte._
2Coríntios 12.9,10, NVI

Minha mãe cresceu em uma época em que as meninas eram ensinadas a costurar e fazer bordados. Como você provavelmente pode adivinhar, eu também aprendi a costurar e cerzir. Em alguma época de minha vida de casada decidi bordar um grande painel em ponto de cruz. Era um projeto enorme e complicado que levou anos para ser completado. Durante esses anos eu o levava comigo a todo lugar. Cheguei a levá-lo em uma viagem para Israel por causa das muitas horas passadas no avião, no ônibus e nas paradas entre os vários locais de interesse.

Enquanto eu trabalhava, muitos passageiros nos voos e que faziam parte de nosso grupo de turistas passavam por mim

216 ❧ Descobrindo o caminho de Deus nas provações

e davam de ombros. Alguns paravam para perguntar o que eu estava criando. Ficavam admirados, pois só podiam ver o avesso do meu trabalho — uma mistura de fios entrelaçados que não pareciam ter forma ou padrão. Só quando eu virava o painel é que eles apreciavam a beleza e imagem completa da cena. Só então podiam compreender a figura e até maravilhar-se com o que eu estava tentando fazer: uma obra de arte.

As provações e os testes efetuados por Deus em nossas vidas é algo como meus projetos de bordado. Vemos nossas dificuldades do "lado do avesso", o lado humano, o lado terreno. Tudo o que enxergamos é uma massa de provações infelizes e tragédias muitas vezes feias, confusas e perturbadoras. O que Deus quer que compreendamos, porém, é que ele está produzindo obras de arte. Seus planos e métodos às vezes são tudo menos sedutores, contendo com frequência certa dor, mas os resultados finais são pessoas belas, fortes e cheias de graça.

Compreendendo o processo de Deus

O processo usado por Deus para nos amadurecer — transformar-nos em obras de arte — é difícil de entender. Se fizéssemos a nossa vontade, tornaríamos o crescimento espiritual algo rápido, mágico, livre de sofrimento. Iríamos simplesmente sacudir uma varinha e *voilá!* Perfeição instantânea. Todavia, foram necessárias para Paulo três seções de oração para compreender que seu "espinho na carne" (2Co 12.7) lhe fora dado para amadurecê-lo até que viesse a entender que sua fraqueza dava a Cristo uma oportunidade para demonstrar o seu poder nele. Uma vez compreendido que o "[...] poder de Deus se aperfeiçoa na fraqueza" (v. 9) ele se entregou por completo ao método divino de trabalho nele. De fato, Paulo submeteu-se até o ponto em que podia gloriar-se com grande prazer em suas fraquezas e acolher adversidades de todos os tipos. Em linguagem moderna, Paulo disse: "Venha! Continue! Dê-me toda e qualquer provação e fraqueza". Ele escreveu: "Regozijo-me nas fraquezas, nos insultos, nas necessidades, nas perseguições, nas angústias. Pois, quando sou fraco é que sou forte" (v. 10, NVI).

O aperfeiçoamento envolve enfermidades

Paulo listou um punhado de condições e dificuldades em que "se regozijou" por terem aberto oportunidades para que Deus trabalhasse em sua vida e na vida de outros. Paulo menciona em primeiro lugar "enfermidades" físicas (NKJV), "fraquezas" (NVI, ARA), "humilhações" (KJV). Esses termos se referem à falta completa de forças e indicam incapacidade de produzir resultados.

Eu certamente já experimentei força física "negativa" e você deve ter experimentado também. Todas registramos zero, ou menos ainda, na balança de energia em certa

> *Eu era um vaso frágil mediante o qual o poder e a graça gloriosos de Deus podiam resplandecer ainda mais.*

época. Durante um ano inteiro fiquei anêmica. Na primeira metade desse ano eu não sabia disso. Só pensava: "O que há de errado comigo? Não tenho energia". Consegui finalmente um diagnóstico de anemia e tive de submeter-me a um tratamento. Pode acreditar que sei muito bem agora como é passar por uma doença e ficar completamente sem forças.

218 ❦ Descobrindo o caminho de Deus nas provações

Sei também o que significa experimentar o poder de Deus em minha fraqueza. De acordo com o plano dele, a energia foi retirada de uma área de minha vida — a área física. Isto me deixou bem mais lenta, menos ativa, o que fez que usasse meu tempo de recuperação para escrever e para o nascimento do meu livro *Uma mulher segundo o coração de Deus*, que vendeu quase um milhão de exemplares, ajudando as mulheres nos Estados Unidos e em muitos outros países.[1]

Deus abençoou verdadeiramente meu trabalho enquanto eu compartilhava seus princípios de vida. Eu não só me restabeleci da crise de energia, como também fui grandemente capacitada com a energia divina para ser usada por ele de um modo que nunca sonhara antes.

O mais cansada e fraca que já estive (que não fosse resultado de um problema de saúde) foi enquanto lidava com os problemas de nossa casa e família enquanto preparávamos a mudança para o campo missionário. Nossos pertences foram ou vendidos, ou embalados, ou postos em um depósito, ou enviados por navio ou, finalmente, levados por nós... Além de participar de várias festas de despedida, tivemos de providenciar fotos para passaportes, fazer exames médicos e tomar vacinas. Verificamos os documentos todos: certidões de nascimento, de casamento, prontuários escolares para nossas filhas, atualização de nosso plano de saúde e de nosso seguro de vida. Tudo isso, durante meses seguidos, exigiu grande esforço físico. A graça maravilhosa de Deus me permitiu vencer!

O trabalho dele em mim não estava, porém, terminado. Mal sabia eu que Deus estava fazendo muito mais do que me ajudando a "vencer". Ele me ajudava a crescer! Fui treinada na maratona de preparações para um ministério maior do outro lado — em Cingapura. Cresci a ponto de conseguir sustentar e manter um ministério rápido e abrangente para as mulheres de Cingapura, além de cuidar de meu marido e minha família em um país estrangeiro.

Deus provou que iria fortalecer-me, capacitar-me e habilitar-me em toda e qualquer situação, especialmente naquelas que me enfraqueciam. Eu era um vaso frágil mediante o qual o seu glorioso poder e sua graça podiam brilhar com mais força. Provei um pedacinho do que o apóstolo Paulo e João Wesley conheceram. Experimentei o poder de Deus. Wesley, o fundador do metodismo, pregou 42 mil sermões, viajou 7.240km por ano, andou a cavalo (principalmente) 96 a 112km por dia e pregou em média três sermões diários. Aos 83 anos ele escreveu: "Sou um prodígio para mim mesmo. Nunca fico cansado, seja pregando, escrevendo ou viajando". O meu ministério para mulheres não era assim tão exigente, mas me identifico com a compreensão da maravilha de experimentar a energia e força dadas por Deus!

Estou certa de que você também suportou fraqueza e cansaço devidos à doença, ao esforço físico excessivo ou épocas difíceis. Estou também certa de que como filha de Deus você é capacitada de várias formas pelo nosso Pai fiel, que opera em sua vida para criar um belo trabalho. Qualquer que seja a sua enfermidade, fique certa disso: quando está fraca, então é que está forte... porque Cristo manifesta a *sua* força na fraqueza humana. Conte com isso. Satisfaça-se com isso. Admire-se disso. Alegre-se nisso.

O aperfeiçoamento envolve reprovação

A seguir, na lista de dificuldades e provações de Paulo em 2Coríntios 12.10, encontramos "injúrias". Podem envolver insolência, insulto, dano físico e dor. Tal dano pode ser em forma de insultos ou maus-tratos. Em um passo acima na escala podem estar incluídos sofrimento e tortura.

Ao lerem biografias de grandes cristãos e mártires, as mulheres em meu clube do livro aprenderam sobre as muitas "reprovações" que receberam. Não houve uma coisa que essas sofredoras por Cristo pudessem fazer para ajudar a si mesmas ou escapar enquanto os seus atormentadores as faziam sofrer. Aprendemos também, no entanto, sobre a graça, o poder e a força que aquelas crentes receberam de Deus para suportar os maus-tratos. O poder de Cristo "repousava" sobre elas (2Co 12.9) e Jesus estendeu a si mesmo (seu tabernáculo, uma tenda) para cobrí-las.

As reprovações também incluem ser esquecido por um bom amigo, ser alvo de um insulto calculado e feito em público com o intento de prejudicá-la, enfrentar uma multidão enfurecida, lidar com um juiz injusto em um processo judicial... (Paulo, que escreveu estas palavras como o criador desta lista, teve certamente alguma experiência com todas elas!) Podemos agradecer ao Senhor porque "ele sabe como equilibrar fardos e bênçãos, sofrimentos e glória".[2]

O aperfeiçoamento envolve necessidades

Pouco adiante, em 2Coríntios 12.10, Paulo menciona "necessidades": perseguições, angústias, sofrimento, dificuldades e privações. Poderíamos dizer que isto acontece quando não há o bastante — bastante alimento, dinheiro, tempo.

Em certa ocasião em minha vida eu até senti que não havia bastante marido! Jim estava frequentando o seminário e trabalhando em quatro empregos. E como vizinhos tínhamos uma família cujo marido e pai trabalhava para a companhia de gás e ia trabalhar de bicicleta todos os dias, ida e volta, percorrendo apenas três quarteirões. O homem saía cedo, cinco minutos para as oito... e chegava em casa cinco horas e cinco minutos. Isto lhe dava três ou quatro horas para passar com a esposa e os filhos, pintar a casa, aparar o gramado, plantar e cuidar do jardim, fazer pequenos serviços em sua carpintaria. E meu marido? Ele saía às quatro e meia da manhã e voltava para casa cerca da meia-noite. Nós certamente não tínhamos muito tempo para passar juntos como família, nossa pintura estava descascando, nosso gramado ficava sem aparar e havia uma porção de outros trabalhos "masculinos" negligenciados em torno da casa. Eu me sentia realmente lesada. Não havia marido suficiente em minha vida!

Lembro-me de ter lido sobre Ruth Graham e o fato de que em certa época seu marido, Billy, ficou fora cerca de dez meses durante o ano. Em seu livro de poesias, *Sitting by my laughing fire* (*Sentada junto à minha lareira risonha*), Ruth escreveu sobre "o fechar da porta" e quanto tempo levaria para aquela porta abrir-se outra vez e seu marido entrar por ela, finalmente em casa! Para Ruth e para mim, porém (e para mim certamente em um grau muito menor do que para Ruth!), havia uma necessidade e Deus pediu que perseverássemos nela para alcançar seus propósitos. Deus capacitou cada uma de nós para fazer a sua vontade e aceitar nossa privação. Com toda a certeza, ele me ensinou que as coisas não eram tão más assim. Afinal de contas, eu tinha a ele e toda a sua graça, força e poder, além da sua presença para ir até o fim da provação. Minha filha Courtney e seu marido, Paul, têm quatro filhos pequenos. Paul, um submarinista, fica no mar seis meses de cada vez. E ouço Courtney repetindo minhas palavras, as mesmas que repito de Ruth Graham: "Tento fazer o máximo do que tenho e o mínimo do que não tenho".

O que está faltando a você? O que está ausente em sua vida? O que não é suficiente? O missionário J. Hudson Taylor dependeu de Deus durante décadas para suprir fundos e alimento para os muitos órfãos aos seus cuidados. Todavia, ele nunca perdeu de vista a fidelidade de Deus. Taylor escreveu:

> Nas maiores dificuldades, nas provações mais penosas, na mais profunda pobreza e necessidade, Deus nunca me falhou: o balanço final de toda a missão para o interior da China somava ontem 25 centavos. Louvado seja o Senhor! São 25 centavos... somados a todas as promessas de Deus.[3]

Amiga, coloque o seu problema, sua falta, sua grande dificuldade, sua pesada provação, sua grande pobreza e necessidade junto ao tudo de Deus e "louve o Senhor"! Você vai descobrir rapidamente esta verdade: tudo de que você precisa é tudo que Deus é e ainda mais.

O aperfeiçoamento envolve perseguições

A dificuldade seguinte que Paulo menciona em 2Coríntios 12.10 é "perseguição", significando "ter de fugir, ser expulso ou posto fora de casa". Nos dias do Antigo Testamento, o povo de Deus, os israelitas, foram expulsos de suas casas e de sua pátria — a Terra Prometida — e levados para o cativeiro em terras estrangeiras.

Nos dias do Novo Testamento, os cristãos se dispersaram quando vieram perseguições e foram expulsos ou forçados a fugir para preservar a vida. Já mencionei Priscila, uma mulher no Novo Testamento que, com o marido Áquila, foi forçada a deixar seu lar em Roma (At 18.2). Deus, todavia, deu capacitação e poder a Priscila (e a Áquila) onde quer que estivesse. Na casa em que morava, Priscila convidava as pessoas e compartilhava com elas, inclusive o apóstolo Paulo (v. 2,3). Apolo, que se tornou um grande orador para a causa de Cristo, tornou-se mais competente depois que Priscila e Áquila o chamaram e compartilharam seu conhecimento mais exato com ele (v. 26). Eu não ficaria surpresa se Áquila e Priscila tivessem feito isto na casa que abriram para comunhão e reuniões da igreja (Rm 16.5)!

Em lugar de lamentar-se e sucumbir à autopiedade, à tristeza e ao ressentimento por ser obrigada a mudar, Priscila encontrou força, poder e alegria no Senhor a ponto de sentir-se contente e compartilhar o que possuía com outros. O trabalho do reino de Deus foi ampliado por meio do coração e da hospitalidade dessa boa mulher e seu marido.

O que está faltando a você? Quem está dificultando a sua vida? Quem está aborrecendo, perseguindo, forçando você na direção oposta aos seus sonhos? Paulo sofreu perseguição e oposição desde o dia em que creu até o dia da sua morte. Todavia, ele nunca se rendeu ou desistiu. Nunca cedeu e nunca voltou atrás. Paulo se apoiava na promessa divina de graça suficiente — e a recebeu. Você também pode receber! Espere em Deus e deixe a sua situação e seu resultado com ele. Deus prometeu cuidar de você e cumprirá a promessa!

> Vinde a mim, todos os que estais cansados e sobrecarregados,
> e eu vos aliviarei. Tomai sobre vós o meu jugo e aprendei
> de mim, porque sou manso e humilde de coração;
> e achareis descanso para a vossa alma. Mateus 11.28,29

Jesus é o Senhor de todo poder e força. Ele usará ambos para dar-lhe refúgio em suas tempestades e um lugar quando estiver sem moradia — um lar nele. A graça e o poder de Deus são suficientes para qualquer desafio que surja em sua vida.

O aperfeiçoamento envolve angústias

Em seguida estão as "angústias" que enfrentamos (2Co 12.10). Estas podem ser impostas por circunstâncias externas ou pressão interna. Essas aflições incluem todo tipo de angústia, dificuldades e períodos de estresse que Deus nos pede para suportar. Chamo essa família de desafios de "provações demais". Se provações de necessidades são ligadas a "menos" (quando não há o suficiente), angústias surgem quando há coisas demais: demasiada pressão, excesso de estresse, de sofrimento, de calamidades.

> *Espere em Deus e deixe com ele sua situação e o resultado. Deus prometeu que cuidará de você e cumprirá a promessa!*

No Antigo Testamento, Jó é definitivamente um exemplo de sofrimento por "provações demais". Perdeu sua família, sua terra, seus bens, sua casa, sua saúde e sua reputação. Com o tempo Jó perdeu tudo. Como ele enfrentou suas angústias? Jó reconheceu: "O SENHOR o deu e o SENHOR o tomou; bendito seja o nome do SENHOR" (Jó 1.21).

O apóstolo Paulo fornece novamente sua lista de "provações demais". Ele foi preso várias vezes (demais), açoitado sem medida (demais), exposto muitas vezes à morte (demais), recebeu 39 chibatadas (demais), foi fustigado com varas (demais), apedrejado quase até a morte (demais), naufragou três vezes (demais), correu perigos em rios (demais), enfrentou bandidos (novamente demais)... e isso não é tudo! A lista de Paulo prossegue para incluir muitos outros excessos (2Co 11.23-27).

Que angústias você está enfrentando neste momento? Qual a sua experiência atual de excesso? Como podemos sempre atestar, a graça de Deus é suficiente para cada aflição! Ele despeja sobre você sua necessidade exata: poder, força e energia para lidar com tudo que parece demasiado.

Tudo junto

Li certa vez sobre Thomas Cranmer, protestante martirizado pela rainha católica Mary, cujo reinado inaugurou ondas de perseguição a cristãos em Oxford, na Inglaterra. Cranmer teve de assistir à morte de dois de seus convertidos (Ridley e Latimer) nas próprias chamas em que ele em breve iria entrar. Esses três homens sofreram todos os males mencionados por Paulo: enfermidades, injúrias, necessidades, perseguições e angústias. Os três haviam se encontrado antes de morrer e se encorajaram mutuamente a "manter a serenidade, pois Deus irá acalmar o fogo, as chamas, ou irá fortalecer-nos para permanecer nelas".

Para eles prevaleceu a última condição. Em meio ao fogo, Deus lhes deu força em sua fraqueza e em sua hora de necessidade, no ponto em que mais se sentiam fracos. Enquanto pereciam, gritavam: "Mais fogo para a causa de Cristo!" Nunca chegaram a vacilar. Quando chegou a vez de Cranmer morrer no fogo, a própria estaca salientou a verdade que ele escrevera alguns anos antes:

> Aprendi por experiência própria que Deus brilha mais forte, espraiando os raios de sua misericórdia e consolo ou uma clara firmeza de espírito sobre seu povo, quando nos achamos sob o mais extremo sofrimento e angústia tanto mentais como físicos. Isto é feito a fim de que ele possa mais especialmente mostrar que é o Deus de seu povo quando parece tê-lo esquecido inteiramente, glorificando-o no momento em que todos pensam que sua intenção é destruí-lo.[4]

O poder e a graça de Deus se estendem para você hoje, como se estenderam tanto para Paulo quanto para os muitos outros mencionados neste capítulo. Você também pode dizer com Paulo: "Quando sou fraco, então é que sou forte". As suas várias fraquezas o tornam forte em Cristo. É justamente quando você parece mais fraca que se torna a mais forte, porque tem a força de Cristo manifesta em você. Portanto, como a escritora e oradora Jill Briscoe exorta: "Pendure a sua fraqueza na força dele".

As palavras deste hino de Annie Flint estruturam o ensinamento de Paulo em forma de poesia, mostrando como a graça de Deus cria uma obra de arte!

Ele dá graça a mais
Ele nos dá mais graça se nossos fardos são maiores,
Fortalece-nos se nossos esforços aumentam;
Às aflições aumentadas, ele adiciona misericórdias,
Às provações multiplicadas, ele multiplica a paz.

No fim de nossa resistência,
Quando as forças falham antes do anoitecer,
Ao chegar ao fim de nossos recursos amealhados
A doação plena do Pai apenas começa.

Seu amor é sem fronteiras, sua graça, sem medida,
Os limites de seu poder nos são desconhecidos;
Pois de seu tesouro infinito, Jesus,
Ele nos dá continuamente.[5]

Dando um passo à frente

O caminho de Deus através das provações é na verdade uma maravilha, não é? Estes são alguns passos adicionais para ajudar você a transpor cada dificuldade.

Passo 1: Conhecer. Conhecer especialmente esses fatos sobre Deus: sua graça é suficiente e a força dele é aperfeiçoada na sua fraqueza.

Passo 2: Crescer: O crescimento espiritual e a perseverança são seus quando você confia no poder e na graça de Deus em cada dificuldade.

Passo 3: Prosseguir. O que quer que surja à sua frente, prossiga. Saiba que terá de fazer muitas "travessias" na vida. Continue e não pare. Não procure uma saída fácil. Compreenda que Deus mantém seus filhos espiritualmente ativos quando eles estão mal fisicamente, enfrentando outros problemas (como privações, perseguição... e o restante da lista de Paulo). O peso das provações é o que dá locomoção espiritual a seus pés.

Passo 4: Prazer. Tenha prazer em demonstrar a força de Deus. Alegre-se quando sofre porque a autoridade de Cristo repousa sobre você e manifesta o seu grande poder por meio das suas fraquezas e necessidades.

PARTE 5

Tornando-se uma mulher paciente

*Toda tentação é uma oportunidade
para nos aproximarmos mais de Deus.*[1]

GEORGE SWEETING

Tornando-se uma mulher paciente

17

Suportando períodos difíceis

❦

Não vos sobreveio tentação que não fosse humana;
mas Deus é fiel e não permitirá que sejais tentados além das
vossas forças; pelo contrário, juntamente com a tentação,
vos proverá livramento, de sorte que a possais suportar.
1Coríntios 10.13

De acordo com Tim Hansel, há um livro de um grupo de cientistas pesquisadores sobre 413 superdotados famosos, que o escreveram com o objetivo de compreender os frutos dessas vidas. Desde o início do estudo os padrões que emergiram foram surpreendentes: sete entre dez desses superdotados haviam sido criados em lares nada calorosos ou pacíficos. Em vez disso, tratava-se de lares repletos de traumas — como falta de pais, discussões frequentes, pobreza e deficiência física.

Os resultados do estudo revelam dados impressionantes sobre os primeiros anos desses famosos. A maioria das deficiências foi vencida com sucesso; quase todos triunfaram sobre graves dificuldades.

232 ❦ Descobrindo o caminho de Deus nas provações

Também passamos por dificuldades. Como já dissemos, tais problemas nos oferecem oportunidades para conhecer o poder de Deus e saber quem somos nele: o que realmente podemos ser e fazer com a sua ajuda. Ganhamos perseverança, que é a capacidade de resistir e permanecer em nossas provações até que terminem.

Examinando provações e tentações

Ao lermos 1Coríntios 10.13, ganhamos uma perspectiva um pouco diferente sobre as nossas provações. Paulo está escrevendo à igreja de Corinto e usando os quarenta anos de peregrinação dos filhos de Israel no deserto para ilustrar o que acontece quando o povo de Deus cede às provações. Depois de enfatizar a posição especial dos israelitas diante de Deus e os muitos milagres que testemunharam, Paulo cita uma lista de seus pecados (v. 1-10), observando em seguida

Estas coisas lhes sobrevieram como exemplos e foram escritas para advertência nossa, de nós outros sobre quem os fins dos séculos têm chegado. Aquele, pois, que pensa estar em pé veja que não caia (v.11-12).

Depois do aviso, Paulo dá a perspectiva de Deus para compreender e lidar com as nossas provações:

Não vos sobreveio tentação que não fosse humana; mas Deus é fiel e não permitirá que sejais tentados além das vossas forças; pelo contrário, juntamente com a tentação, vos proverá livramento, de sorte que a possais suportar (1Co 10.13).

Esse versículo usa a palavra *tentação* em lugar de *provação*. Todavia, é a mesma palavra grega, traduzida por "provação" em Tiago 1.2 e 1Pedro 4.12. Alguns eruditos explicam a diferença de tradução como segue: "provações" significam questões externas como tragédia, opressão, angústia, as coisas de que o apóstolo Paulo fala em sua própria vida (2Co 12.10), enquanto "tentações" são pressões internas para sucumbir ao pecado, como os exemplos de pecaminosidade dos israelitas.[3]

Paulo explica que as provações externas como sede, fome, calor, falta de um lar, falta de estabilidade e assim por diante, experimentadas pelos israelitas, resultaram em uma tentação interna para queixar-se, murmurar, discutir e questionar, que os levou finalmente a rebelar-se contra Deus e seu servo Moisés.

Assim sendo, como comentei até aqui, provações e testes — que agora incluem "tentações" — não devem ser vistos como malignos. Trata-se simplesmente de oportunidades para "suportar pressão de uma fonte externa" (que a Bíblia chama de provação) ou de uma questão interna que em 1Coríntios 10.13 é vista como tentação. Em qualquer caso, a maneira como reagimos e depois suportamos reafirma e fortalece a nossa fé e confiança em Deus.

A partir deste ponto, quando me referir a testes, provações e tentações, vou estar na verdade tratando da mesma coisa: provações!

Aceitando a tentação

A paciência começa com o reconhecimento e a aceitação do fato de que provações virão! Isto nos ajuda a não desmoronar diante de uma provação. Estou certa de que você já ouviu este gracejo: "Nascemos, pagamos impostos e depois morremos". Estes são fatos da vida. As provações também são!

- O autor do livro de Tiago disse: "Meus irmãos, tende por motivo de toda alegria o passardes por várias provações" (Tg 1.2).
- O apóstolo Pedro disse: "Amados, não estranheis o fogo ardente que surge no meio de vós, destinado a provar-vos, como se alguma coisa extraordinária vos estivesse acontecendo" (1Pe 4.12).
- O apóstolo Paulo afirmou: "Não vos sobreveio tentação que não fosse humana; mas Deus é fiel e não permitirá que sejais tentados além das vossas forças; pelo contrário, juntamente com a tentação, vos proverá livramento, de sorte que a possais suportar" (1Co 10.13).

Respondendo à tentação

Para mim, esse conhecimento direto da realidade das provações provoca muita reflexão. As tentações vão chegar... mas sempre com um propósito. São destinadas a nos testar, a fim de emergirmos delas mais fortes do que nunca, com maior capacidade para suportar o que virá. As provações não têm o propósito de nos destruir, nem são neutras. Só quando cedemos a uma tentação nosso ato se torna pecado. Precisamos então perguntar: Como lidar com as provações? O que devo fazer quando chegarem?

Estou certa de que você poderá recordar-se de pessoas que conhece (ou até você mesma) que responderam negativamente às tentações.

SUPORTANDO PERÍODOS DIFÍCEIS 🕸 235

🕸 Podemos ser choronas quando as provações chegam. (Pode acreditar, eu fui.)

🕸 Podemos ser mal-educadas (é verdade, eu fui isto também) e ter ataques de nervos quando enfrentamos provações.

🕸 Podemos agir como adolescentes e ficar amuadas, ou de cara feia quando confrontadas com dificuldades. (Eu também conheço perfeitamente essa opção!)

No entanto, e os adultos? Quando uma mulher adulta não obtém o que ela deseja, o que acontece? A mulher madura, sensata, não irá entrar em crise, não mostrará mau humor. Ela não vai ser um bebê chorão, ter maus modos ou ficar amuada. Por que iria agir assim quando sabe que as provações virão e que fazem parte da vida?

Portanto, o primeiro conselho para suportar as provações e os tempos difíceis é *ficar alerta*. Deus está nos lembrando novamente de que provações com certeza virão.

Preparando-se para a tentação

Se sabemos que as provações virão, podemos nos sentir motivados a preparar-nos. Se você sabe que vai ter de enfrentar o mesmo problema amanhã e depois, *planeje* como lidar com ele! Imagine cenas de seriados policiais na TV: a polícia, o FBI ou heróis armados contra marginais que fazem contrabando de bebidas, cigarros etc. Todos em compasso de espera. Eles cercam o local da operação ilícita, alertas, armados, em posição. Passam o dia inteiro agachados, vigilantes, com os escudos levantados, as armas prontas. Sabem que haverá problemas.

236 ❦ Descobrindo o caminho de Deus nas provações

Da mesma forma que esses oficiais tinham certeza de que distúrbios assomavam no horizonte, precisamos ficar alertas, armadas, com os escudos prontos, vigilantes, preparadas para as provações que certamente virão. Sabemos que as provações virão, que estão se aproximando. Nunca devemos ser pegas de surpresas quando chegarem. Não há razão para ser apanhadas desprevenidas, esmagadas pelas dificuldades.

Meu marido passou várias décadas na reserva do exército norte-americano. Uma vez por ano ele viajava durante duas semanas para receber treinamento ativo. Em um desses anos a unidade dele foi enviada a Minnesota no rigor do inverno para aprender como montar um hospital de campanha em um clima glacial. Quando voltou para casa e tirou as coisas da mochila, havia nela uma porção de pacotes de plástico marrom.

> *Devemos ficar alertas, vigiando, esperando, em guarda o tempo todo para as provações que certamente virão.*

Pareciam livros, mas continham rações de alimentos desidratados. Sempre que a sua unidade saía, eles levavam a refeição em um pacote chamado CP (comida pronta), com um molho bem temperado porque evidentemente o sabor não era muito agradável! Aqueles soldados saíam prontos para as necessidades do dia. Carregavam até suprimentos extras para a eventualidade de uma emergência, como uma nevasca que impedisse a volta à base.

O exército enviava seus soldados com um amplo suprimento de comida e de outras necessidades diárias por prevenção. Esquiadores, andarilhos e alpinistas costumam passar o dia nas montanhas que cercam nossa casa no Estado de Washington e a cada ano muitos deles aparecem nos jornais, tendo se perdido em uma tempestade imprevista durante dias ou até uma semana. Já meu marido saía preparado, equipado para o pior. Precisamos planejar, sabendo que provações virão.

Você lembra dos cursos de direção que você ou seus filhos já fizeram? Os motoristas iniciantes são ensinados a dirigir na defensiva. O lema é: "Fique atento ao outro motorista!" Precisamos seguir esse conselho e ficar alertas, vigiando, esperando, em guarda o tempo todo para as provações que certamente virão.

Em uma recente reunião de família, meu irmão Robert contou uma história engraçada sobre sua filha mais velha, que acabara de receber a carteira de motorista. Robert se encontrava em um jantar quando seu agente de seguros avisou: "Olha, Robert, no primeiro acidente dela, você precisa passar essas instruções... Não deixe de me ligar. Quando o primeiro acidente ocorrer, não esqueça dessa informação". Robert replicou: "Espere aí! O que você está insinuando com *quando o primeiro acidente ocorrer?*" O amigo respondeu com uma risada: "Ah, pode ter certeza de que vai acontecer!"

Que essa cena sirva de exemplo. As provações virão e precisamos saber *o que fazer* quando chegarem. Se falharmos em nos preparar antes que o "acidente" aconteça, sofreremos ainda mais porque não saberemos o que fazer, como proteger-nos, como obter ajuda, ou como ajudar a outra pessoa.

Planejando para a tentação

Você se prepara quando sabe que vai ter visitas? Se for como eu e muitas de minhas amigas, procura suas melhores receitas, faz uma lista de supermercado e compra todos os ingredientes necessários para várias refeições gostosas. Depois muda a roupa de cama no quarto de hóspedes e limpa o banheiro. Se tiver tempo ainda, faz uma faxina geral na casa!

Se for sair de férias, o que faz? Lava e coloca na mala as roupas de que vai precisar, telefona para o escritório do jornal e suspende a entrega diária, arranja um vizinho que receba a sua correspondência e alimente o gato. Cuida das contas e do que precisa ser posto no correio antes da viagem. Arruma a casa, fecha tudo, rega as plantas e cuida do gramado. Fica então pronta para partir.

> *Não podemos estar preparadas para tudo em nossa humanidade, mas podemos estar prontas para ficar perto do Senhor.*

A fim de preparar-se para qualquer coisa — quer sejam férias, uma caminhada, um convidado... ou provações — planejamento é um elemento-chave. Vamos supor que, ao olhar para a data de hoje em seu calendário, em letras grandes e vermelhas estejam essas palavras: *Provação chegando!* O que você faria se uma provação estivesse se aproximando com tanta clareza? Resposta: Você se prepararia.

Jim ministrou um seminário para alunos da faculdade em nossa igreja, a fim de estabelecer objetivos de vida. Uma pergunta que cada estudante deveria responder era: "Se você soubesse que iria ser morto por um raio daqui a seis meses, como passaria o restante de sua vida?" Uma menina teve a coragem de mostrar-me sua resposta: "Passaria os seis meses inteiros de joelhos, orando e testemunhando a outros sobre Cristo".

Uma pergunta como a feita por Jim realmente nos faz voltar à realidade do que tem valor. Examine então a sua própria vida e avalie até que ponto está preparada para o que virá... aquilo que sabe e até aquilo de que não tem certeza. Por exemplo, você sabe que seu marido está voltando para casa depois do trabalho e que vai precisar de alguns minutos de descanso, de jantar, de companhia, de apoio amoroso. Quando seus filhos voltam da escola, querem contar-lhe sobre o seu dia, comer, talvez compartilhar seus problemas e divertir-se um pouco. Em certa ocasião, você, alguém em sua família ou uma amiga vai ficar doente — talvez com um resfriado, talvez com algo mais grave. O que você pode fazer para ficar pronta para as despesas médicas, arranjar o tempo necessário para cuidar da pessoa doente, o apoio de que ela vai necessitar? E o que dizer das despesas com utensílios e veículos que se quebram? E por fim temos as grandes provações, as tragédias de mortes, acidentes, emergências e outras.

Não podemos estar preparadas para tudo em nossa humanidade, mas podemos estar prontas para ficar perto do Senhor.

Para começar, mergulhe na Palavra de Deus. De onde você acha que sua coragem e sua confiança virão quando enfrentar as provações e tentações que certamente vão chegar? Da Palavra poderosa de Deus! Seja fiel na oração. Pela oração é que você reconhece as suas fraquezas e conta a Deus a sua necessidade dele. É também pela oração que a sua fé para suportar os testes será fortalecida. A oração faz você continuar unida a Deus, pedindo-lhe força, sabedoria, graça, misericórdia e persistência.

Mantendo-se positiva

Podemos nos manter positivas enquanto nos preparamos e enfrentamos as provas e tentações, porque Deus está conosco.

- ❧ Ele promete que você terá capacidade para suportar suas provações e resistir a qualquer tentação para ceder ao pecado (1Co 10.13).
- ❧ Ele promete que você chegará ao fim de suas tribulações com mais paciência (Tg 1.5).
- ❧ Ele promete que você será perfeita e íntegra, em nada deficiente, quando sua provação terminar (Tg 1.4).

Aproximar-se de suas provações com uma atitude que não seja positiva é abrir um buraco em seu estoque de energia. Você precisa de toda a sua energia para lidar com elas. Portanto, mantenha o seu estoque e a sua fé em boa forma. Não se torne negativa ou amargurada em relação às pessoas envolvidas em suas provações. Má vontade, ressentimento e amargura prejudicam o processo de crescimento e levam ao fracasso, que no geral resulta na tentação de pecar.

Mantenha uma atitude positiva em relação a Deus. Ele conhece todas as provações que você terá de enfrentar. Para ser bem-sucedida em seus testes, lembre-se de que Deus é a sua esperança. Ele é a sua salvação. É a sua rocha. É o supremo fornecedor de força e poder, de sabedoria e de resistência. *Ele* é o que você precisa! Não ponha em risco o seu relacionamento com ele e a vitória em suas provações, tornando-se amarga ou ressentida. Se ceder a essa tentação, vai ficar paralisada, incapaz de responder corretamente, de suportar e ter sucesso.

O profeta Jeremias é um estudo clássico de alguém que resistiu. Durante anos ele foi fiel em proclamar as mensagens de Deus para um povo pecador... e ninguém escutou! Além disso, a vida de Jeremias foi muitas vezes ameaçada. Sua perseverança foi talvez extraída das palavras encorajadoras de Deus a ele antes de enviá-lo em seu ministério de pregação. "Não temas diante deles; porque eu sou contigo para te livrar" (Jr 1.8). Jeremias ficou desanimado e decepcionado porque o povo não quis obedecer a Deus, mas ele nunca vacilou na obediência ao seu chamado. Permaneceu firme em suas provações... durante quarenta anos!

Você e eu também somos chamadas a persistir. Devemos ficar firmes sob pressão, suportar pessoas, eventos e circunstâncias difíceis, tolerar a injustiça e o tratamento parcial, permanecer em nossas provações enquanto perdurarem... até durante a vida inteira se Deus nos chamar para isso.

Dando um passo à frente

Em seu livro *You've got keep dancing* (*Você tem de continuar dançando*), Tim Hansel observou que talvez uma das sentenças mais usadas na língua inglesa é: "Se eu puder pelo menos resolver este problema, então tudo vai dar certo". Argumenta que a chegada da maturidade é quando compreendemos que, ao passar pelo problema presente, haverá sempre outro um pouco maior e um pouco mais intenso esperando para tomar o seu lugar. Se quisermos crescer em Cristo, Tim diz que deve chegar o momento da compreensão dessa continuidade.

Vamos dar um passo gigante agora! Você e eu podemos decidir não entrar em parafuso a cada vez em que enfrentamos uma prova. Afinal de contas, sabemos que virá, e não será a única. Sabemos também que Deus é generoso e amoroso e nos dará forças, ânimo e sabedoria para suportar e vencer qualquer adversidade. Eu estou pronta. E você?

*Jamais sofreremos uma tentação que não tenha sido experimentada
por milhares de outras pessoas. As circunstâncias
diferem, mas não as tentações básicas.[1]*

JOHN MACARTHUR JR.

Tornando-se uma mulher paciente

18

Não há nada de novo sob o sol

❦

Não sobreveio a vocês tentação que não fosse comum aos homens.
E Deus é fiel; ele não permitirá que vocês sejam tentados além do que
podem suportar. Mas, quando forem tentados, ele mesmo lhes
providenciará um escape, para que o possam suportar.
1Coríntios 10.13, NVI

Em certos anos, meses, semanas, dias e até horas nos sentimos esmagadas por provações presentes e futuras. Por exemplo, imagine esse episódio de sete dias na vida real de uma mulher — na minha vida, para ser exata!

Para começar, minhas duas filhas estavam em casa para as férias de primavera da faculdade. Porém, não foram férias para mim. Minha igreja também não suspendeu as aulas bíblicas para mulheres nem os estudos bíblicos para a Páscoa na semana seguinte. Isto significava que eu teria de dar quatro aulas na igreja. Eu me angustiei: "Ah!, por que minhas filhas não podem ter os feriados de primavera nas mesmas datas que todo mundo por aqui?" Porém, não, a folga delas era justamente durante aquela semana sobrecarregada e incomum. E pode acreditar, uma atmosfera de festa estava definitivamente reinando em nossa casa! "Como posso estudar e me preparar?", eu me perguntava.

Além disso, havia um prazo importante a cumprir naquela mesma semana. Tratava-se de algo inédito na minha vida: eu estava elaborando minha primeira proposta literária, com os dois capítulos exigidos para acompanhá-la! Na semana anterior fiquei sentada dois dias e duas noites em um lugar reservado em uma biblioteca, fazendo pesquisas e dizendo a mim mesma: "Não tenho medo de trabalhar duro. Posso fazer isto. Outros já fizeram antes de mim. Não tenho medo de me esforçar. Deus vai me ajudar!" E eu agora necessitava *realmente* da ajuda dele!

Pouco antes dos feriados de minhas filhas, uma mulher cuja filha estava tendo um caso, abandonando o marido e levando o filho com ela, telefonou para mim. Ela queria saber se eu poderia passar um dia com sua filha se conseguisse que ela voasse para a minha cidade. Isto seria na terça-feira... dois dias depois de minhas filhas partirem e um dia antes da quarta-feira em que faço o estudo bíblico com as mulheres. Comecei a orar: "Senhor, na terça-feira? É necessário?" Senti que Deus queria que eu me encontrasse com aquela mulher e seria com certeza uma sessão de aconselhamento bem difícil. Eu disse que sim.

Outro chamado que recebi foi de uma mulher da minha igreja, casada com um incrédulo. Essa pobre alma usou óculos escuros na aula de domingo porque o marido a espancara. Ela queria saber como eu ou a igreja poderia ajudá-la em sua situação — em suas provações.

Encontrei-me também, depois do culto, com uma mulher cuja filha estava se divorciando do marido. A mãe, preocupada, queria saber: "Existem livros, CDs ou conselhos que você poderia me recomendar para que eu os passe à minha filha? Pode fazer uma lista?"

(Ah, o telefone! Você conhece o som — e a cena! Trrim-trrim. Trrim-trrim. Quando o telefone toca, geralmente é um pedido para levar a ajuda de Deus a alguém que está passando por provações, o que pode facilmente tornar-se uma provação para mim também... Você compreende, não é?)

Até mesmo as exigências e responsabilidades da semana além daquela já estavam pairando sobre mim. Meu marido e eu tínhamos de tomar várias decisões financeiras. (Lembre-se, a temporada da primavera e da Páscoa também inclui pagar impostos!) A data de pagamento dos impostos estava chegando e tínhamos de ter tudo pronto para entregar a declaração na quinta-feira.

Eu me achava igualmente envolvida em uma conferência de pastores que durava cinco dias. As preparações para as reuniões das esposas durante a conferência exigiam horas ao telefone para a organização geral.

Esses testes representavam apenas uma parte do que me esperava ao despertar de cada dia durante aquele período específico. Meu coração batia apressado e meus pensamentos o acompanhavam, gritando: Provações chegando! Provações chegando!

Vou contar como sobrevivi àquela semana de pesadelo no capítulo vinte (p. 275s.), mas por ora vamos examinar como ser bem-sucedidas ao lidar com as muitas provações que nós mulheres enfrentamos todo dia, toda semana, todo mês.

O que uma mulher deve fazer?

Sei que a sua lista de provações parece tão pesada quanto a minha. O que devemos então fazer? Como tratar com os vários problemas da vida de maneira madura? Como atravessar nossos múltiplos desafios sem desmoronar? No capítulo anterior, exploramos a primeira resposta de Deus para caminhar pelas tribulações da vida: compreender e aceitar que as provações e tentações virão continuamente (1Co 10.13). (Quero acrescentar que este fato torna o céu realmente convidativo!)

Vamos agora examinar outra verdade em 1Coríntios 10.13:

> Não sobreveio a vocês tentação que não fosse comum aos homens. E Deus é fiel; ele não permitirá que vocês sejam tentados além do que podem suportar. Mas, quando forem tentados, ele mesmo lhes providenciará um escape, para que o possam suportar.

A segunda resposta de Deus para nós é: compreender que nossas provações não são únicas. Outros já passaram por aquilo que está diante de nós. As pessoas já experimentaram tudo isso antes... e venceram pelo caminho de Deus. No século 19, o condutor do bispo Joseph Lightfood parou a carruagem e sugeriu que seu mestre estaria mais seguro andando a pé para atravessar uma passagem estreita da montanha. O bispo se recusou. "Outras carruagens devem ter feito este mesmo caminho. Continue", respondeu Lightfoot.

Nada é único

Lemos em 1Coríntios 10.13, em termos incisivos, que nenhuma tentação é inédita. Nenhum crente está isento das provações e provação alguma é única. Todas elas são comuns, usuais, típicas e nada excepcionais. Não são diferentes das já vividas através dos tempos. Para citar uma fonte erudita: "Jamais teremos uma tentação que não tenha sido experimentada por milhares. As circunstâncias diferem, mas não as tentações básicas".[2]

Esse é um encorajamento! Indica que o sucesso é possível. Nenhuma tentação está além da resistência humana. Quaisquer e todas as tentações que iremos enfrentar *podem* ser suportadas! Não estamos confrontando provações extravagantes, sobreumanas. Suportamos as provações pela graça de Deus como seu povo no correr dos séculos.

No momento, quando reflito sobre a semana que descrevi antes neste capítulo, ainda me lembro da minha ansiedade. *Uau!* Aquela semana parecia uma cadeia de montanhas impossível de atravessar. Ao estudar a verdade para uma aula sobre "Descobrindo o caminho de Deus nas provações", ganhei a coragem e a segurança de que não estava só. Tive a certeza de que poderia vencer porque outros haviam vencido. Compreendi que a semana ocupada demais, cheia de responsabilidades que eu achava que não tinha tempo e energia para vencer, não era única para mim e, de fato, era completamente comum!

O mesmo se aplica a todos os nossos problemas. Divórcio, separação, tensão no casamento, um marido alcoólatra, um filho com necessidades, a perda de um ente querido, viuvez, e assim por diante podem ser as primeiras experiências de um indivíduo, mas Deus revela que são comuns à humanidade. Aflição física, infertilidade, menopausa; um pai ou

250 ❧ Descobrindo o caminho de Deus nas provações

mãe envelhecendo, doença, tratamentos de câncer, moléstia terminal, tudo isso acontece o tempo todo. Infelizmente, a vida é assim. Nossos problemas são simplesmente problemas humanos. As pessoas os enfrentam, crescem através deles, triunfam sobre eles e os suportam.

Ouvindo as boas notícias de Deus

Há boas notícias com respeito às nossas provações? Sim, há. Por serem comuns, nossas tentações podem ser suportadas *se* e *quando* permanecermos firmes na adversidade e resistirmos à tentação de pecar em nossa situação. Não são permitidas brechas, fraquezas ou aflição! Podemos perseverar! Podemos aguentar sem ceder à carne. Portanto, nada de mulheres choronas, malcriadas ou temperamentais. Podemos ser mulheres maduras que suportam nossas surpresas e dificuldades para crescer mais fortes no Senhor.

Infelizmente, encontramos bom número de mulheres que deixam de crescer em perseverança porque têm uma visão distorcida, não bíblica, de seus problemas. Elas se afastam da vida ou encontram outras na mesma situação, juntando-se a elas em torno das dificuldades, lamentando, suspirando e se solidarizando. Não me entenda mal. Há certamente um lugar e uma ocasião para o apoio mútuo e o encorajamento. Devemos aproximar-nos de outros com empatia e consolo. Deus ordena isto e espera isto de nós. Há também um bônus — nosso sofrimento nos ajuda a ministrar a outros porque podemos compartilhar nossa experiência e crescimento enquanto nos relacionamos com as pessoas:

Bendito seja o Deus e Pai de nosso Senhor Jesus Cristo, o Pai de misericórdias e Deus de toda consolação! É ele que nos conforta em toda a nossa tribulação, para podermos consolar os que estiverem em qualquer angústia, com a consolação com que nós mesmos somos contemplados por Deus (2Co 1.3,4).

Devemos admitir, porém, que tendemos a nos reunir para enfatizar um problema, buscando simpatia. Porém, e as boas notícias de Deus? Porque nossos problemas são comuns, podemos suportá-los enquanto caminhamos — e crescemos — através deles.

Por exemplo, pediram-me que ensinasse aos domingos em uma classe para mulheres casadas com incrédulos. Durante anos aquelas corajosas mulheres se encontravam semanalmente para orar e conversar sobre a sua situação "única"... e sobre seus maridos. No primeiro dia anunciei que faríamos um estudo sobre as mulheres da Bíblia dirigido às esposas — a todas as esposas! A Bíblia fala a *todas* as esposas em *todas* as situações. Aquelas estimadas mulheres eram primeiro e antes de tudo esposas cristãs. O foco do grupo foi então desviado da situação delas (casadas com incrédulos) e redirecionado para o seu papel de esposas (os encargos que receberam de Deus) e para a graça de Deus. É claro que tivemos cuidado em aplicar as verdades bíblicas que aprendemos a situações da vida real. Mas as ênfases foram primeiro colocadas nas verdades da Bíblia para nós como indivíduos.

Em outra ocasião, uma mulher compareceu para inscrever-se no ministério de orientação da igreja. Quando perguntei se queria fazer parte deste ou daquele grupo, conforme o dia da semana em que estivesse livre e o bairro onde morava, ela respondeu: "Ah, não! Não posso ficar em um grupo. Eu sou diferente. Não sou como as outras mulheres. Tenho problemas especiais. Você não compreende. Preciso de alguém que me oriente individualmente porque minha situação é diferente". Você já sabe, no entanto, no que eu estava pensando: "Não sobreveio a vocês tentação que não fosse *comum* aos homens".

Certa vez, enquanto ensinava o livro de Provérbios, nossa classe chegou a uma lição sobre sexo centrada na "esposa sábia" de Provérbios, capítulo 5, especialmente versículos 15-20. Mais tarde, eu soube que uma das esposas apresentou dez razões para não aplicar a sabedoria daquelas passagens bíblicas. Eram tão amplas que incluíam até mesmo a ideia de que o próprio Deus jamais esperaria que ela aplicasse esses ensinos à sua vida. Em sua opinião, ela era diferente, a única mulher no planeta que não tinha de seguir a Palavra de Deus nessa área.

Muitas mulheres me procuram para aconselhamento, contando primeiro seus problemas e depois me pedindo ajuda. Começo então a orientá-las... e obtenho a mesma reação. Sempre espero algo diferente. Oro para que não venha: "Por favor, Deus, só desta vez!" No entanto, logo ouço as mesmas palavras, "sim, mas...", seguidas de: "Minha situação é diferente, minhas circunstâncias são incomuns. Vou explicar por que isso não vai funcionar no meu caso..."

Eu respondo com cuidado: "Não, não há nada na vida de qualquer mulher que não seja comum. Deus escreveu a Bíblia inteira, sua Palavra completa, revelada, soprada por ele, para pronunciar seu conselho e falar sobre todos os nossos problemas comuns. Ele não deixou ninguém sem apoio. De fato, a sua instrução é a nossa melhor ajuda! Ele nos deu a vida e também instruções para vivê-la piedosamente. É isto que 1Pedro 1.3 nos diz. Deus afirma também que não há nada novo debaixo do sol (Ec 1.9). Não há novos pecados, perversões, abusos, problemas, questões. Não há nada novo".

Se quisermos ser saudáveis e abertas à orientação de Deus, precisamos aceitar a verdade de que *todos* os nossos problemas são comuns. Temos de lutar contra a tendência de aumentar nossos problemas, chegando ao ponto de orgulhar-nos deles. Não podemos pensar e agir como se fôssemos diferentes, únicas, separadas, especiais, quando se trata de provações e tentações. O perigo está em que logo decidiremos que

> *Temos de lutar contra a tendência de aumentar nossos problemas, chegando ao ponto de orgulhar-nos deles. Não podemos permitir-nos pensar e agir como se fôssemos diferentes, únicas, separadas, especiais, quando se trata de provações.*

certas passagens não se aplicam a nós por causa de nossa singularidade. Ou, pior ainda, podemos concluir gradualmente que Deus jamais esperaria que seguíssemos suas ordens em certas áreas.

Muitas das tribulações que encontramos são realmente terríveis, traumáticas. Mas Deus nos informa que continuam sendo "comuns". Somos iguais a todo mundo quando se trata de problemas. A Palavra de Deus que nos foi dada inclui conselhos para lidar com *tudo* que pode acontecer para qualquer pessoa durante toda uma vida — inclusive você.

Lidando com problemas à maneira de Deus

Certa vez frequentei um curso chamado "Estudo sobre a submissão". Quando nosso grupo se reunia, passávamos a primeira hora estudando uma parte do livro de Ester e a segunda hora aplicando o que o texto nos havia mostrado sobre um estilo de vida submisso. Estudamos não só mulheres seguindo a liderança de seus maridos, mas também a submissão em suas várias formas no corpo de Cristo.

Uma mulher, porém, decidiu que estava isenta de seguir o marido porque ele não era cristão. Ela procurava brechas na instrução de Deus.

Na mesma classe havia outra mulher — também casada com um incrédulo — que anunciou achar-se frequentando a aula para ter certeza de que estava sendo para o marido a melhor esposa que podia ser. Ela queria fazer um trabalho melhor — queria ser a melhor! Essa esposa briosa não iria permitir que as circunstâncias interferissem com a sua compreensão e aplicação da verdade bíblica. Ela queria perseverar e até distinguir-se em sua situação e crescer espiritualmente.

Tiro também meu chapéu para uma mulher em meu estudo bíblico da faculdade. Conversando comigo, contou que seus pais haviam acabado de se divorciar e, para acrescentar insulto à injúria, o pai se casara rapidamente outra vez. Essa mulher me confidenciou: "Sei que outras têm passado por isto. Estou me aconselhando o máximo possível. Estou pedindo ajuda a todos. Quero atravessar esta fase da maneira certa!" Que atitude animadora!

Uma vez que recusemos aceitar a mentira de que estamos enfrentando circunstâncias, provações, experiências ou tentações únicas, podemos encontrar consolo na universalidade da nossa situação. Descobrimos a certeza de que é possível suportá-la porque é comum e outros já passaram por isso, saindo vencedores. Se reconhecermos que todas as provações são "comuns aos homens", podemos aceitar prontamente a ideia de que a Palavra de Deus responde aos nossos dilemas e é o bálsamo para as nossas almas.

Dando um passo à frente

Um ingrediente importante para uma mulher madura em Cristo é desejar perseverança. A fim de obter essa perseverança, devemos enfrentar e passar por provações. Uma de minhas filhas recortou um desenho do jornal de domingo. Uma mulher solteira estava tendo uma briga com o namorado. Ela sentou-se sozinha no sofá depois que ele foi embora, desesperada porque ele não conseguia compreendê-la. Suas palavras eram algo como: "Uma mulher às vezes gostaria de ser uma menina".

Isto é muito verdadeiro, não é? Às vezes, desejamos ser choronas ou birrentas. Queremos ter um ataque de raiva ou ficar amuadas. Mas biblicamente não temos esse luxo porque como mulheres maduras queremos crescer no Senhor e na vida. Afinal de contas temos maridos, famílias, amigos, carreiras e ministérios para cuidar. Os riscos são altos demais se recusamos buscar o que Deus está ensinando e construindo em nós.

256 ❧ Descobrindo o caminho de Deus nas provações

Você quer ser uma mulher perseverante, que consegue suportar dificuldades sem vacilar, sem desistir, sem desmoronar? Precisa então *desejar* isso. Falo com mulheres quase semanalmente que o desejo é essencial para o crescimento e a maturidade espiritual. Sim, podemos saber o que a Bíblia diz. Podemos até saber como *fazer* o que a Bíblia diz. Porém, se não *desejarmos fazer* o que a Bíblia diz, nada será feito. É simples assim. Se você quer realmente ser uma mulher perseverante, que cresce e amadurece espiritualmente em todo aspecto da vida, você será. A escolha é sua.

Querida leitora, por favor, compreenda que *você não está sozinha em suas dificuldades.* Suas provações são comuns à humanidade. Outros passaram por elas antes de você. O que pode então fazer?

Passo 1: Leia a Bíblia. Mais especificamente, observe os sofrimentos comuns suportados pelo povo de Deus nos tempos bíblicos. Comece com a vida de Cristo, seu Salvador. A Bíblia diz: "Porque não temos sumo sacerdote que não possa compadecer-se das nossas fraquezas; antes, foi ele tentado em todas as coisas, à nossa semelhança, mas sem pecado" (Hb 4.15). Ao ler os quatro evangelhos você verá como Jesus lidou com todas as tentações conhecidas da humanidade.

> *Você não está sozinha em suas dificuldades. Suas provações são comuns à humanidade. Outros passaram por elas antes de você.*

Conheça também as mulheres da Bíblia. Para cada problema enfrentado por você há uma mulher da Bíblia que provavelmente o enfrentou. Se não encontrar o seu problema específico nas lutas delas, vai descobrir uma mulher que teve de lidar com o princípio subjacente ou que experimentou as mesmas emoções, sentimentos, preocupações e desafios que você.

Passe a conhecer realmente as vidas dos heróis bíblicos. Não há espaço suficiente neste livro para contar o que homens como Abraão, Moisés, Davi, e os discípulos suportaram pela graça de Deus e pela fé nele. Os que se foram antes de nós servem como exemplos e suas histórias são preservadas por Deus para nossa advertência (1Co 10.11).

Passo 2: Leia biografias cristãs. As histórias da vida de muitos santos de Deus através das eras mostrarão a você como eles suportaram suas provações. Você verá como o sofrimento é comum. Biografia após biografia fala de perseverança, triunfo e impacto duradouro na causa de Cristo. Você nunca mais será a mesma depois de testemunhar como outros suportaram suas situações difíceis.

Passo 3: Peça conselhos aos que já sofreram. Faça uma lista das experiências de outros. Descubra como eles perseveraram e triunfaram sobre seus problemas. Eu sempre pergunto: "Você tem uma passagem bíblica que foi importante em sua situação?" Hebreus 4.12 nos diz que "[...] a palavra de Deus é viva, e eficaz". Cada versículo lido pode ser colocado em seu arsenal para combater as suas provações e enfrentar suas tentações. Eles lhe dão algo a que se agarrar, usar como arma, refletir e cooperar para que você persevere em suas provações do modo certo — à maneira de Deus!

Passo 4: Procure a ajuda de outros. Peça ajuda. Isto é difícil para muitas pessoas, mas faça. Lutei contra certa provação como mãe durante dois anos antes de pedir ajuda de quem quer que fosse. Pensei que ninguém tinha passado pelo que eu estava passando. Porém, a situação piorou e finalmente pedi a Deus que me dirigisse a mulheres que pudessem aconselhar-me e compartilhar sabedoria. Como resultado, busquei ajuda com quatro mulheres. E qual a primeira resposta ao meu problema? Cada uma delas riu alto: "Estou vendo que chegou a sua vez! Toda mãe tem este problema. Todas tivemos. Isto é o que deve fazer..." *Uau!* Eu não estava mais sozinha. Eu era normal. Havia esperança. E há esperança para você também, qualquer que seja a provação que esteja enfrentando no momento.

*As afirmações deste versículo (1 Co 10.13) são um consolo
permanente e fonte de força para os crentes.
Nossa confiança está na fidelidade de Deus.[1]*

Tornando-se uma mulher paciente

19

Confiando na fidelidade de Deus

❧

*Não sobreveio a vocês tentação que não fosse comum aos homens.
E Deus é fiel; ele não permitirá que vocês sejam tentados além
do que podem suportar. Mas, quando forem tentados, ele mesmo
lhes providenciará um escape, para que o possam suportar.*
1Coríntios 10.13, NVI

Quando comprei minha primeira Bíblia (como mulher adulta com um marido e duas filhas), um aquário cheio de canetas marca-texto estava junto à caixa registradora. Num impulso peguei duas delas. A primeira era *rosa*. Como nova mulher em Cristo eu era também uma esposa nova em Cristo, assim como uma nova mãe em Cristo. Em minha mente e coração escolhi o rosa "feminino" e me propus a começar na manhã seguinte a ler minha Bíblia nova. Planejei procurar e marcar todas as passagens que ensinassem como ser uma mulher, mãe e dona-de-casa piedosa. Se você visse minha Bíblia depois de alguns anos! As muitas "passagens rosa" não só me guiaram em minha vida diária e meus relacionamentos, como também o conhecimento que me deram tem abençoado outros ao compartilhar com outras mulheres as verdades que encontrei.

O segundo marcador que escolhi era dourado. Este seria meu marcador de "Deus" e não podia pensar em uma cor melhor para ele! Com aquele marcador na mão, eu orei: "Oh, Deus, sou a nova garota no grupo. Sua nova filha! Quero conhecer o Senhor, conhecer tudo a seu respeito!" No dia seguinte, quando li a Palavra de Deus em Gênesis 1.1, passei a marcar todas as "passagens douradas" na Bíblia, todos os versículos que contam fatos sobre Deus, enfocam os seus atributos, revelam como ele trabalha na vida do seu povo no decorrer dos séculos e compartilha as muitas promessas que faz aos crentes.

Enfocando a fidelidade de Deus

Acho que é redundante dizer que o versículo escolhido a seguir para este capítulo foi marcado em cor de ouro na minha Bíblia. Ouça a Palavra do Senhor... sobre ele mesmo!

Não vos sobreveio tentação que não fosse humana; mas Deus é fiel e não permitirá que sejais tentados além das vossas forças; pelo contrário, juntamente com a tentação, vos proverá livramento, de sorte que a possais suportar (1Co 10.13).

"Mas Deus é fiel." Este fato nos anima e tranquiliza enquanto continuamos nosso estudo sobre provações, testes e tentações. Já sabemos que tribulações virão continuamente. Agora, porém, aprendemos outro fato: Deus é fiel... continuamente! Diante de provações, você pode encontrar esperança na ideia de que o mesmo Deus que planeja e supervisiona os seus testes também conhece os seus limites. Ele sabe tudo sobre você, suas fraquezas e limitações, além de suas futuras necessidades de força espiritual, resistência e perseverança. A fidelidade dele permitirá que você suporte tudo o que surgir em sua vida.

Essa verdade sobre a fidelidade de Deus significa: "Nenhum crente pode afirmar que foi vencido pela tentação ou que o diabo o obrigou a isso. Ninguém, nem mesmo Satanás, pode fazer que pequemos [...]. Nenhuma tentação é inerentemente mais forte do que os nossos recursos espirituais. As pessoas pecam voluntariamente".[2]

> *A fidelidade de Deus é um recurso para nós quando nossa fidelidade é provada.*

Com referência a recursos, temos a fidelidade de Deus como um recurso quando a nossa fidelidade é provada em um teste ou tentação. Nossa confiança deve ser colocada em Deus e na sua fidelidade, e não em nós mesmas.

Contando com o cuidado fiel de Deus

Ao enfrentar as dificuldades que com certeza virão, considere estes fatos dourados sobre Deus e seu poder para cuidar de você. Você pode contar com ele!

- ❦ Deus "guardará" você em todos os seus caminhos (Sl 91.11).
- ❦ Deus "guardará" aquilo que você lhe entregou (2Tm 1.12).

264 ❧ Descobrindo o caminho de Deus nas provações

❧ Deus "guardará" você como um pastor cuida do seu rebanho (Jr 31.10).

❧ Deus "guardará" você em sua perfeita paz (Is 26.3).

❧ Deus "guardará" você na hora da sua tentação e apoiará você em suas provações (1Co 10.13).

O cuidado que Deus tem com você é verdadeiramente completo. Ele cobre você que está indefesa, em apuros, passando pela tribulação, pelo teste, ou em qualquer condição. E a cobertura é dia e noite!

Contando com o tempo perfeito de Deus

A fidelidade de Deus é perfeita para cada tempo:

Na salvação — "Cristo [...] morreu a seu tempo pelos ímpios" (Rm 5.6). O Filho de Deus, o Senhor Jesus Cristo, morreu no ponto correto, exato, predeterminado na História para salvar a todos.

No conflito diário — Em vista de nossos dias estarem nas mãos de Deus, repetimos com o salmista: "Nas tuas mãos, estão os meus dias; livra-me dos meus inimigos e dos meus perseguidores" (Sl 31.15).

Na vida diária — Segundo a Palavra de Deus, "Tudo tem o seu tempo determinado, e há tempo para todo propósito debaixo do céu" (Ec 3.1). Em vista da supervisão soberana de Deus sobre os dias da sua vida, nenhum acontecimento é deixado ao acaso. O tempo perfeito de Deus abrange cada dia, cada estação e cada acontecimento que você vai enfrentar ou terá de suportar.

Contando com a provisão de Deus

Deus promete que nenhuma tentação que surgir à sua frente será maior do que poderá suportar. O Senhor promete também que, *se* uma tentação tornar-se excessiva, ele criará um meio para você atravessá-la e sair dela. Ele sabe exatamente quando prover o meio de fuga (1Co 10.13).

Foi isto que Deus fez para o seu povo (Êx 14). O exército do faraó do Egito estava perseguindo os israelitas para levá-los de volta à escravidão. Os ex-escravos correram para salvar suas vidas, até chegarem ao mar Vermelho. Sem qualquer possibilidade humana de fugirem à sua terrível situação, Deus criou um meio para o seu povo amado fugir das forças inimigas. Ele abriu milagrosamente o mar Vermelho! Seu povo caminhou por terra seca enquanto as águas se erguiam como paredes de cada lado do caminho. Em seguida, também milagrosamente, Deus fez que as águas se juntassem novamente quando o exército do faraó perseguia os israelitas pelo fundo do mar! Não é preciso dizer que o exército egípcio afogou-se.

Contando com o conhecimento perfeito de Deus

Deus é o único que sabe perfeitamente o que podemos ou não suportar. Ele sabe também que cada prova ou tentação nos ensina lições de que precisamos para crescer espiritualmente e obter mais perseverança. Ele sabe também o quanto é suficiente e, quando chegamos a esse ponto, fornece graciosamente tudo de que necessitamos para vencer nossas provações, passar por elas e suportá-las sem pecar, sem ceder à tentação.

266 ❧ Descobrindo o caminho de Deus nas provações

Aprecio esta história que ilustra muito bem a confiança que podemos ter em Deus: Um santo de outra época escreveu sobre um freguês em uma loja onde um menino pequeno se achava com os braços estendidos enquanto o dono colocava pacote após pacote das prateleiras nos braços do garoto. À medida que a pilha crescia cada vez mais e o peso aumentava, o freguês não conseguiu suportar. Exclamou para o menino: "Você nunca vai conseguir carregar tudo isso!" O garoto virou-se e respondeu com um sorriso: "Meu pai sabe a quantidade que eu posso carregar!" Quanta firmeza e confiança! Pense um pouco, o seu Pai celestial sabe exatamente quanto você pode carregar!

E quando ficamos imaginando se conseguiremos suportar os testes? Os três amigos de Daniel, Sadraque, Mesaque e Abede-Nego, confiaram completamente na proteção e no conhecimento de Deus... e Deus, como sempre, cumpriu suas promessas. Embora o fogo que os três hebreus suportaram fosse aquecido sete vezes mais do que o normal, Deus os preservou e livrou. Antes disso, esses três adoradores sinceros haviam declarado ao rei Nabucodonosor: "Se o nosso Deus, a quem servimos, quer livrar-nos, ele nos livrará da fornalha de fogo ardente e das tuas mãos, ó rei. Se não, fica sabendo, ó rei, que não serviremos a teus deuses, nem adoraremos a imagem de ouro que levantaste" (Dn 3.17,18). Esses homens fiéis estavam dispostos a morrer em vez de cederem à tentação. Que isto possa aplicar-se também a nós!

Contando com a compaixão perfeita de Deus

O profeta Jeremias escreveu sobre a fidelidade de Deus. Como aprendemos antes, Jeremias pregou a mensagem de

CONFIANDO NA FIDELIDADE DE DEUS ❧ 267

Deus durante quarenta anos. Todavia, não viu o fruto de sua pregação. De fato, experimentou sofrimento físico e emocional quando o povo se virou contra ele com ódio, desprezo e intenções criminosas. Não obstante, em meio a sua aflição e sofrimento, Jeremias encontrou esperança na fidelidade de Deus. A única luz na vida dele era o conhecimento passado da fidelidade de Deus e a segurança da sua promessa de contínua fidelidade no futuro. Jeremias escreveu estas palavras de grande esperança para hoje e força para o amanhã:

> As misericórdias do Senhor são a causa de não sermos consumidos, porque as suas misericórdias não têm fim; renovam-se a cada manhã. Grande é a tua fidelidade. A minha porção é o Senhor, diz a minha alma; portanto, esperarei nele (Lm 3.22-24).

Muitos grandes hinos de fé foram escritos como resultado de experiências dramáticas, como uma experiência de salvação ou de percepção especial da presença e graça de Deus em uma ocasião de grande tristeza ou perda. O maravilhoso hino *Great is Thy Faithfulness* (*Grande é a tua fidelidade*), de Thomas O. Chisholm, foi escrito com o coração repleto de gratidão, como um simples testemunho da compaixão e misericórdia divinas que nunca falham. Enquanto o sr. Chisholm refletia sobre a fidelidade pessoal de Deus a um homem que viveu 94 anos, momento a momento, a cada manhã, ele não conseguiu conter suas emoções. O resultado? Um hino precioso exaltando a fidelidade eterna e o caráter imutável de Deus. Da próxima vez em que você estiver em

268 ❦ Descobrindo o caminho de Deus nas provações

uma igreja, pegue um hinário e deixe que as belas palavras de Chisholm a façam lembrar novamente da fidelidade de Deus a você.

Contando com a fidelidade de Deus

Quando ensinei pela primeira vez o material deste livro a um grupo de mulheres em minha igreja, referi-me à reflexão sobre as verdades da Bíblia como "saúde mental espiritual". Eu queria compartilhar algumas das verdades bíblicas que tinham sido especialmente úteis para mim em minha jornada de descoberta do caminho de Deus em meio a minhas provações. O versículo 10 de 1Coríntios 13, "Não vos sobreveio tentação que não fosse humana", foi uma das passagens que decidi incluir naquela aula.

Por que essa pérola de toda a Escritura é um dos versículos de minha saúde mental espiritual? Porque me ensinou a abandonar pensamentos como "Não vou aguentar" ou "Não consigo fazer isso" sempre que enfrentava uma crise. Em vez disso, este versículo me ajudou a pensar: "Vou conseguir. Posso fazer isto porque Deus é fiel e fará com certeza acontecer... se contar com ele, fizer a minha parte e permanecer até o fim!"

> *Meu papel em cada provação é permanecer fiel a Deus e pôr isto em prática. Devo amá-lo, confiar nele e contar com seus recursos.*

Esse versículo é uma promessa, uma verdade, um fato. Deus promete que nenhuma provação será maior do que posso suportar, mais do que posso resistir por sua graça e em seu poder.

O versículo revela também outra verdade: Deus é fiel. Portanto, tenho uma escolha a fazer a cada vez em que tropeço em uma provação ou tentação. Posso ter pensamentos errados — mentiras! — sobre como não vou conseguir fazer algo ou não poderei atravessar uma tribulação. Ou posso ter pensamentos saudáveis — as verdades de Deus! — que creem e aceitam que ele é de fato fiel, que promete fazer-me atravessar o problema... o que significa que eu *posso* ir até o fim! Deus também promete que virá resgatar-me e mostrar um meio de escapar ou prosseguir na provação a fim de vencê-la. Confiar na fidelidade de Deus é o caminho para suportar cada teste, sendo também o caminho para a maturidade espiritual.

Meu papel em cada provação é permanecer fiel a Deus e pôr isto em prática. Devo amá-lo, confiar nele, contar com seus recursos, lutar contra a tentação, pedir que me capacite em meio a sofrimento, tristeza, angústia, privação, situações ameaçadoras, ao mesmo tempo em que resisto à tendência de utilizar minhas soluções em meus problemas. Quando faço isto, descubro sua ajuda fiel para cada necessidade.

Dando um passo à frente

A fidelidade de Deus. Que recurso divino! Está disponível para todos os seus filhos. O que você pode então fazer à sombra de algo tão digno de reverência? Um passo realmente grande é refletir sobre a fidelidade de Deus para você, como fez o autor de hinos Thomas Chisholm. Qualquer que seja o problema que está enfrentando hoje — um diagnóstico ou tratamento médico, uma limitação física, uma perda na

270 ❦ Descobrindo o caminho de Deus nas provações

família, uma situação difícil com um cônjuge, filho, ou amigo, falta de dinheiro — lembre-se: "Deus é fiel" (1Co 10.13).

Você e eu (e todo mundo) somos pessoas esquecidas. Ajuda então esforçar-se para lembrar que Deus nunca deixou de ser fiel. Mantenha viva a memória de como ele "guardou" você no passado e de como a protegeu e à sua família de situações graves. No momento exato em que você estava no fim de suas forças, Deus providenciou livramento, solução, resposta à oração, meio de fuga.

Não esqueça, por favor, da bondade, misericórdia e compaixão infalíveis de Deus. Lembre-se de que se renovam cada manhã e enchem cada dia que passa (Lm 3.22,23)!

- ❦ Lembre a si mesma regularmente da fidelidade de Deus a você, sua filha querida.
- ❦ Recorde-se momento a momento, a cada manhã, da fidelidade de Deus a você.
- ❦ Lembre-se da evidência que você testemunhou pessoalmente da fidelidade infalível do nosso Deus que cumpre alianças e das muitas e maravilhosas manifestações de seu cuidado providencial.
- ❦ Confie nele em cada situação difícil.

A maneira de Deus livrar estará pronta simultaneamente com a tentação... O meio de escapar é diferente em diferentes tentações; mas, para cada tentação, Deus proverá o procedimento especial para livramento.

Tornando-se uma mulher paciente

20

Triunfando sobre a tentação

❦

Não vos sobreveio tentação que não fosse humana;
mas Deus é fiel e não permitirá que sejais tentados além das
vossas forças; pelo contrário, juntamente com a tentação,
vos proverá livramento, de sorte que a possais suportar.
1Coríntios 10.13

Quando penso na fidelidade de Deus, fico admirada. Deus não só nos chama e nos salva, mas também gerencia cada detalhe da nossa vida... inclusive as tentações e provações que nos assaltam. Além disso, ele é fiel para guiar-nos a cada passo do caminho *em meio a* nossas provações.

Como já aprendemos — e reconhecemos — em nosso estudo sobre testes e tentações, somos fracas. Não há dúvidas sobre isto! Somos vasos humanos de carne e osso, finitos, comuns, formados do pó da terra. Isto é motivo para regozijar-se? O apóstolo Paulo gloriou-se em suas enfermidades? Você se lembra? Ele explicou: "Porque, quando sou fraco, então, é que sou forte" (2Co 12.9,10) pelo poder de Cristo.

274 ❦ Descobrindo o caminho de Deus nas provações

Gosto da observação do missionário pioneiro Hudson Taylor, fundador da Missão para o Interior da China: "Todos os gigantes de Deus foram homens e mulheres fracos que fizeram grandes coisas para Deus por contarem com a sua fidelidade". Estou certa de que Hudson Taylor leu e releu o lembrete do apóstolo Paulo sobre a fidelidade de Deus em 1Coríntios 10.13 antes de escrever esse comentário. Vamos ser também lembradas da fidelidade de Deus para ajudar-nos a triunfar sobre a tentação:

> Não vos sobreveio tentação que não fosse humana; mas Deus é fiel e não permitirá que sejais tentados além das vossas forças; pelo contrário, juntamente com a tentação, vos proverá livramento, de sorte que a possais suportar (1Co 10.13).

Você quer fazer grandes coisas por Deus e seu povo? Quer manifestar o seu poder e força, seu amor e graça? Quer dar honra e glória a ele? Confie então nele. Conte com a sua fidelidade.

Equacionando a fidelidade de Deus

Sabemos agora que *nossas provações são comuns*! Toda e qualquer tentação ou provação é típica — nada de excepcional ou único. Sabemos igualmente que Deus é *fiel* a nós em nossas tribulações. Ele não é um simples espectador. Nunca nos deixa sozinhas para defender-nos ou para alcançar o objetivo por esforço próprio. Em vez disso, Deus nos mostra dois métodos distintos em que prova e manifesta a sua fidelidade.

Promessa nº. 1 — Deus não permitirá que você se sinta esmagada pela tentação. Paulo afirma: "Deus é fiel e não permitirá que sejais tentados além das vossas forças". Deus não permitirá que qualquer teste se torne tão forte que você, sua filha querida, não possa resistir.

Pense sobre estes "grandes" que descobriram a fidelidade de Deus para suportar suas provações e tentações:

Sadraque, Mesaque e Abede-Nego foram provados por Deus em uma fornalha ardente (veja Dn 3). Você já encontrou várias vezes neste livro esse trio formidável. Porém, na provação deles testemunhamos dramaticamente a capacitação de Deus para triunfarem sobre a tentação. Deus deu-lhes força, fé, graça e a companhia de que necessitavam para suportar a tentação de salvar suas vidas negando ao Senhor e curvando-se diante de um rei pagão e do ídolo de ouro. De fato, Deus (ou um de seus anjos) juntou-se a eles no fogo (v. 25)!

Jesus foi tentando no deserto (veja Mt 4.1-11). Durante quarenta dias e quarenta noites o Filho de Deus justo e sem pecado foi deixado sozinho, sem alimentos, para ser provado por Satanás. Entretanto, no momento em que Jesus terminou o teste, o Pai enviou imediatamente os seus anjos para darem alimento, água, forças, companhia e encorajamento a seu Filho.

Jesus também agonizou no jardim de Getsêmani ao enfrentar a morte na cruz (Lc 22—23). A Escritura diz: "E, estando em agonia, [Jesus] orava mais intensamente. E aconteceu que seu suor se tornou como gotas de sangue caindo sobre a terra" (v. 22.44). Deus, todavia, permitiu que seu Filho enfrentasse e suportasse o que estava para vir. A Bíblia nos conta que "[...] então apareceu um anjo do céu que o confortava"

276 ❧ Descobrindo o caminho de Deus nas provações

(v. 43). Deus não livrou Jesus da cruz, mas o supriu com tudo de que necessitava para suportá-la.

Estêvão enfrentou a morte por apedrejamento (At 7). A Bíblia, porém, relata que Estêvão, "[...] cheio do Espírito Santo, fitou os olhos no céu e viu a glória de Deus e Jesus, que estava à sua direita" (v. 55). Deus permitiu que seu fiel servo e mártir tivesse de suportar a sua situação. Estêvão morreu e sua morte foi terrível. Mas Deus lhe deu exatamente aquilo de que precisava para aguentá-la — neste caso, uma visão de si mesmo e de seu Filho. Estêvão exclamou: "Eis que vejo os céus abertos e o Filho do Homem, em pé à destra de Deus" (v. 56). Que ato maravilhoso e gracioso de Deus!

Esses são apenas alguns exemplos da fidelidade de Deus ao dar sua graça e força para seus filhos em suas situações difíceis. Imagine os milhares de vezes em que ele interferiu para prover conforto, esperança e encorajamento a seu povo. Ele dá essas coisas justamente no momento em que elas são necessárias para impedir que as pessoas sejam vencidas por qualquer tentação ou provação. Ele também faz isto para você!

Promessa nº. 2 — Deus abrirá um caminho para você escapar ou lhe mostrará um meio de atravessar suas provações. Esta é a sua promessa para você e para mim. Deus não impede que sejamos tentadas; mas *com* a tentação ele assegura que podemos suportá-la, capacitando-nos para resistir à pressão da prova ou dando-nos livramento.

Ao usar a palavra "livramento", Paulo transmite a ideia de um navio prestes a ser esmagado nas rochas, mas que avista subitamente uma passagem estreita e o barco chega a uma praia segura (1Co 10.13). Imagine também um exército encurralado em um vale pelo exército inimigo. Embora à beira da aniquilação, uma abertura é localizada entre as montanhas. O exército foge por ela e é salvo para lutar mais um dia sob melhores condições.

Nosso papel é permanecer em nossas provações. O papel de Deus é ajudar-nos a suportá-las ou livrar-nos delas. Ele conhece todas as nossas provações, sabe quanto podemos suportar, conhece o caminho à frente e os nossos limites. Deus é o autor do teste... e também quem o controla e o finaliza.

E adivinhe uma coisa! Deus também pode nos livrar do teste! Isto significa que podemos entrar em qualquer teste e *saber* que podemos lidar com a situação, suportando-a, fiéis a Deus porque ele permanece fiel a nós. Quando entramos em uma provação, temos uma única escolha piedosa: permanecer nela e suportá-la.

Fazemos a seguir o que chamo de "esperar pelo milagre". Esperamos para ver como Deus vai nos livrar. Entramos em qualquer situação difícil sabendo que ele pode e fará, porque "[...] o Senhor sabe livrar das provações os piedosos" (2Pe 2.9). Tudo o que precisamos então fazer é permanecer em nossas provações, resistir ao pecado e esperar para ver como Deus vai trabalhar em nossas vidas em meio à nossa situação.

Duas mulheres provadas

Conheça uma mulher que não pôde "esperar pelo milagre" enquanto sofria em seu teste de esterilidade. Você sabe quem é: seu nome era Sara e sua história se estende de Gênesis 11.31 a 23.2. Sara simplesmente não pôde esperar para ter um filho, sobretudo depois de ouvir Deus prometer a ela e ao

278 ❧ Descobrindo o caminho de Deus nas provações

marido uma criança. À medida que os anos de expectativa e decepção passavam, Sara finalmente desistiu de Deus e tomou o problema em suas mãos. Refletiu até encontrar um meio de obter o que queria, até que teve uma grande ideia: seu marido Abraão poderia ter um filho de sua criada! Quando a criança nascesse, Sara e Abraão poderiam considerá-la como sua. Sara então manipulou outros (o marido e a criada) e pôs em prática seu grande projeto. Deu certo! O filho de Abraão, Ismael, nasceu da criada Hagar. Infelizmente, o restante da história não aconteceu como Sara esperava.

Todavia, Deus naturalmente cumpriu sua promessa. Sara conseguiu o seu milagre. Aos 90 anos — já passados seus anos férteis — ela deu à luz um filho e herdeiro. Sara obteve finalmente o seu filho, a quem chamou Isaque, mas também enfrentou muitos problemas por ter se precipitado. Surgiu um conflito entre seu filho e o filho da serva. A inimizade entre os dois meninos continua até hoje na tensão entre as duas nações que resultaram da impaciência de Sara: os judeus (Isaque) e os árabes (Ismael).

Isabel, entretanto, esperou em Deus por seu milagre. (Sua história está registrada em Lucas 1.) Ela também sofreu, mas não fez planos nem usou outros para obter o que desejava. Em vez disso, esperou. Ouça a descrição de Deus sobre o caráter de Isabel e de seu estilo de vida enquanto esperava e continuava sem o seu sonho. "Ambos (Zacarias e Isabel) eram justos diante de Deus , vivendo irrepreensivelmente em todos os preceitos e mandamentos do Senhor" (v. 6). Nada de choro, insolência, nem mau humor! Não houve também planos tortuosos ou pessoas ludibriadas! É simples: você não pode ser justa e irrepreensível, andando em todos os mandamentos e ordenanças do Senhor, enquanto age com tamanha imaturidade. Isabel então esperou... e experimentou o milagre de dar à luz em idade avançada.

Fazer as pessoas atravessarem ou saírem de situações difíceis é um trabalho de Deus. Ninguém pode fazer isto perfeitamente, exceto ele. Nossa tendência é forçar a barra para sair de um problema, dando

> *Fazer as pessoas atravessarem ou saírem de situações difíceis é trabalho de Deus. Ninguém pode fazer isto perfeitamente, exceto ele.*

um pouco de ajuda a Deus. Mentimos, manipulamos, cancelamos compromissos, evitamos eventos, pessoas, situações!

Permitindo que Deus trabalhe

No capítulo 18 (p. 247s.), compartilhei minha lista pessoal das provações que iria enfrentar na semana seguinte, inclusive um aconselhamento a uma mulher que planejava deixar o marido. Tinha também de passar tempo com minhas filhas em suas férias de primavera, comemorando sua vinda; preparar-me para oportunidades de ensino durante a Páscoa; escrever o projeto de um livro com os dois primeiros capítulos até uma data-limite; ajudar uma esposa cujo marido a espancara; preparar-me para o período de pagamento de impostos; e assim por diante. Eram grandes oportunidades de ministério... mas o tempo era um enorme problema. Veja agora como a minha semana se desenrolou. *Correção:* Veja como Deus planejou minha semana!

A mulher que desejava abandonar o marido e estava voando de Chicago para aconselhamento na terça-feira (lembre-se de que tinha de ser na terça!) não veio. Seu coração estava tão endurecido que não quis conselhos de ninguém. Deus deu-me então de volta a minha terça-feira. O meio de fuga para mim. Eu me encontrava à beira do pânico, pensando desesperada: "Preciso telefonar e dizer a essa senhora que não posso fazer isto!" Fiquei inclinada a resolver sozinha a situação, planejar tudo a meu favor... ou encontrar o meu caminho de fuga. Porém, depois de orar e sentir como era grave o problema dela, consultar meu marido e obter sua total aprovação, decidi: "Não, vou permanecer disponível e ver o que Deus faz. Será uma alegria ser usada por ele... mas ele precisará resolver tudo!"

Havia também a jovem casada cujo marido a espancara. Marcamos um encontro com seis semanas de antecipação; todavia, todas as manhãs eu choramingava: "Ah!, Jim, preciso telefonar para ela. Tenho de cancelar. Não tenho como arranjar tempo para..." Compreendi então que eu estava trabalhando para criar o meu meio de escape. Acalmei-me, portanto, diante de Deus e resolvi: "Vou cumprir o compromisso e ver o que Deus faz. Ele precisa me ajudar". O que aconteceu foi que aquela jovem esposa não veio, nem me telefonou para contar o que a impediu. (Isso porque dou orientação em casa. Posso trabalhar até o momento em que a campainha toca. Não perco tempo sentada em um restaurante ou em um parque, esperando por alguém que talvez não apareça.) Fiz então a melhor — na verdade a maior! — coisa que podia fazer. Orei por ela e pelo marido.

Nessas ocasiões lutei contra as minhas decisões originais. Todavia, com a ajuda de Deus e por meio de oração não sucumbi à tentação de cancelar ou fugir de meus compromissos, resolvendo tudo por minha conta. Em vez disso perseverei por intermédio deles — ou pelo menos estava disposta a atravessá-los. Mas Deus foi fiel, provendo-me graça a fim de cumprir meus muitos outros compromissos e responsabilidades, dando-me escape quando necessário nesses dois casos. Sei também que se eu tivesse passado a terça-feira com a mulher de Chicago e me encontrado com a outra mulher que precisava de ajuda, Deus teria suprido a graça para que eu fosse fiel e cuidasse de todas as minhas obrigações naquela semana especial.

Oh, cara amiga, este é o nosso Deus! Quanto mais vemos Deus trabalhando (como aconteceu comigo na minha semana agitada!), tanto mais confiamos nele. Quanto mais experimentamos sua fidelidade, tanto mais podemos suportar. Nós nos surpreendemos com nossos novos níveis de força, à medida que avançamos apesar de nossas provações e perseveramos em nossas dificuldades, sem nos importar com o sofrimento. A Deus seja a glória!

Dando um passo à frente

Reflita novamente sobre as muitas verdades em 1Coríntios 10.13: "Não vos sobreveio tentação que não fosse humana; mas Deus é fiel e não permitirá que sejais tentados além das vossas forças; pelo contrário, juntamente com a tentação, vos proverá livramento, de sorte que a possais suportar". Um versículo assim tão dourado de Deus requer respostas de nossos corações!

O que devemos fazer ou não fazer? Escolha o passo — ou os passos — que vai dar para tornar-se uma mulher perseverante, alguém que triunfa em meio às provações e tentações até o fim. O propósito de Deus para você é que fique firme sob pressão, suporte pessoas, eventos ou circunstâncias difíceis e permaneça em suas provações enquanto aguarda a fidelidade dele.

Não faça...
...ficar chocada
...ficar desanimada
...pensar que é a única a sofrer ou ter defeitos.

Faça...
...compreenda as suas fraquezas
...peça ajuda a Deus para resistir à tentação.

Conte com a fidelidade de Deus para...
...ajudar você a enfrentar seus problemas e permanecer firme neles
...impedir que seus problemas se tornem mais pesados do que você pode suportar
...proteger você de tentações insuportáveis
...arranjar meios de você escapar caso as situações se tornem impossíveis.

Não esqueça de fazer a sua parte em suas provações. Você deve...
...mostrar autodisciplina

...reconhecer as pessoas e situações que tentam você a pecar

...fugir de tudo que é errado

...decidir fazer apenas o que é certo

...buscar amigas que amem a Deus e que ajudarão você quando for tentada

...orar pedindo ajuda a Deus.

Uma palavra final

Não se preocupem à toa.
Orem por tudo...
Sejam gratos por qualquer coisa.[1]

Uma palavra final

21

Ganhando algo grandioso

❦

Não andeis ansiosos de coisa alguma; em tudo, porém,
sejam conhecidas, diante de Deus, as vossas petições,
pela oração e pela súplica, com ações de graças.
Filipenses 4.6

Um estudo foi feito em uma universidade de Wisconsin sobre o que preocupa as pessoas. Os estatísticos ficaram surpresos com estes interessantes resultados:

- ❦ Quarenta por cento estavam preocupados com coisas que nunca aconteceram.
- ❦ Trinta por cento se preocupavam excessivamente com assuntos do passado que se achavam agora fora de seu controle — assuntos que já haviam ficado para trás.
- ❦ Doze por cento tinham muito medo da perda de sua saúde futura (embora a única doença deles fosse a sua imaginação ativa).

290 ❧ Descobrindo o caminho de Deus nas provações

❧ Dezoito por cento se ocupavam preocupando-se com a família, amigos e vizinhos sem quaisquer motivos para os seus temores.

❧ *Total:* 100% estavam preocupados por nada![2]

Em que grupo você estaria se tivesse tomado parte no estudo? (E não estaria sozinha!) A preocupação é uma moléstia comum, especialmente para as mulheres. Isto é compreensível na superfície porque temos tantas responsabilidades. Nossas listas de coisas para fazer e pessoas para cuidar parecem geralmente intermináveis. Além de nossas obrigações e das pessoas de quem cuidamos, não podemos esquecer as irritantes provações e tentações que estão sempre pairando à nossa volta.

Como podemos então lidar com a preocupação — especialmente quando associadas com as nossas tribulações, aquelas que enfrentamos agora e as que virão no futuro?

Recapitulando a nossa jornada

Abordamos até aqui a questão das provações, a fim de compreender melhor como encontrar o caminho de Deus por meio delas. Aprendemos até agora a aceitar nossas dificuldades com alegria *quando* (não se) elas surgem — a ser mulheres alegres. Obtivemos melhor compreensão sobre o que significa tornar-se uma mulher estável que permanece em suas provações e desenvolve perseverança. Descobrimos também como ser mais maduras e aceitar as provações como um meio de crescer espiritualmente e alcançar maior persistência.

A última fronteira para nós é obter paz de espírito e de coração à medida que caminhamos em meio a estressantes provações, problemas e dificuldades. Como podemos tornar-nos mulheres pacientes que aceitam o que surge no caminho sem perder a calma, a dignidade, a garra, o ânimo?

Enfrentando todas as suas provações

Deus nos deu a resposta por intermédio do apóstolo Paulo: *Orar!* Em Filipenses 4.6 lemos: "Não andeis ansiosos de coisa alguma; em tudo, porém, sejam conhecidas, diante de Deus, as vossas petições, pela oração e pela súplica, com ações de graças". Em um único versículo Paulo fornece uma resposta simples mas abrangente para lidar com todas as nossas provações. O seu conselho é dado por meio de duas ordens. A primeira é negativa, a segunda positiva.

A negativa. Paulo, um homem com extensa experiência pessoal com provações, testes, tentações e tribulações, nos diz primeiro que não devemos preocupar-nos... ponto. "Não andeis ansiosos de coisa alguma", escreveu ele. É impossível não entender essa mensagem direta! Gosto especialmente da tradução que diz: "Não se preocupe com nada" (NLT)!

Em outras palavras, não devemos pensar em nada que nos leve à preocupação. Não devemos sequer pensar nessas coisas. Não devemos ter qualquer pensamento a respeito delas!

Não foi isto que Jesus nos disse? Ele afirmou que não devemos ficar ansiosos por causa de roupas, alimento ou duração da nossa vida. Além disso, não devemos preocupar-nos com perseguição, com o amanhã ou o que diríamos se fôssemos

292 ❧ Descobrindo o caminho de Deus nas provações

levadas a um tribunal diante de atormentadores incrédulos (Mt 6.25-34; 10.19).

Paulo, porém, avança um pouco mais e acrescenta: "Não andeis ansiosos de coisa alguma". Não há fronteiras. Não, você não deve preocupar-se com seu emprego, sua saúde ou outra coisa. A ordem é: "Não se preocupe"!

Como podemos saber que estamos ansiosas? Como a ansiedade se manifesta?

Duvidamos. Imagine um torcer de mãos aflito enquanto você atravessa seu dia. "Oh!, o que vou fazer? Onde vou parar com essa provação, com esse problema? Como vai terminar... e se nunca terminar?" Estamos cheias de dúvida após dúvida: "O que as pessoas vão pensar? Será que consigo fazer tudo? Haverá dinheiro suficiente? Tempo suficiente? Energia suficiente?" Essas perguntas e preocupações revelam falta de confiança em Deus. Paulo diz: "Pare com isso! Não são permitidas preocupações".

Ficamos obcecadas. Temos a tendência de dar excessiva atenção a algo pequeno. Somos mestras da obsessão. Não importa o que estejamos fazendo, nossos pensamentos voltam toda hora a questões minúsculas. É quase como se não pudéssemos pensar em mais nada.

Somos consumidas. Nosso tempo e energia são tomados por algo que aconteceu no passado ou alguma provação que nunca ocorreu realmente mas poderia ter ocorrido! Como resultado não conseguimos funcionar com eficiência. Qualquer que seja o objeto da nossa preocupação, ele se apropria de nós e estraga dia após dia.

Ficamos perturbadas. Não podemos enfocar as questões da vida real porque não conseguimos concentrar-nos. Ficamos incapazes de manter o foco. É claro que talvez possamos cuidar das pequenas coisas da vida diária, mas não conseguimos sucesso ao lidar com a realidade por causa da preocupação!

Com o que nós mulheres nos preocupamos? Quando somos casadas gostamos de nos preocupar com nossos maridos. Se tivermos filhos, há ainda mais causa de preocupação! No caso de sermos solteiras, esta é outra preocupação. Temos depois as finanças, saúde, bem-estar dos membros da família, desafios no trabalho e... nossa lista de preocupações não para de crescer!

E o futuro? Desde que nunca sabemos o que está logo adiante, podemos sempre imaginar... e preocupar-nos com isso. As preocupações também nos envolvem com respeito a relacionamentos e amizades, especialmente os que são complicados ou cheios de tensão. A política do nosso país é outra causa de preocupação, assim como a guerra. A lista de temores é interminável. Todavia, ouvimos Paulo lembrando que não devemos nos preocupar com nada.

> *Não há nada — nenhuma provação, nenhuma tentação — tão grande que você não possa levar ao Senhor, ao Criador dos céus e da terra.*

A seguir o positivo. Em Filipenses 4.6, Paulo nos diz que em lugar de preocupar-nos e ficar ansiosas, devemos *fazer* algo positivo. Devemos orar! "Em tudo, porém, sejam conhecidas, diante de Deus, as vossas petições, pela oração e pela súplica, com ações de graças."

No caso de você estar se preocupando com o que iria fazer se não pudesse preocupar-se, você tem agora a resposta de

294 ❧ Descobrindo o caminho de Deus nas provações

Deus! Não fiquem ansiosos por *coisa alguma*; em *tudo*, porém, orem. A solução de Deus para todas as suas preocupações e temores é orar... a respeito de tudo. Você deve orar sob todas as circunstâncias!

Deus facilita as coisas para você. Só precisa lembrar-se de uma única coisa. A maneira de não preocupar-se com nada é orar a respeito de tudo. Não há nada — provação, teste ou tentação — tão grande que você não possa levar ao Senhor, ao Criador dos céus e da terra. Ele tem plena capacitação para ajudá-la a lidar com tudo. Ele dá a você completa paz de espírito e de coração (v. 7). Não há aborrecimento ou provação pequeno demais para levar a ele, porque ele se importa com *tudo* que se refere a você (1Pe 5.7). Este é outro conselho: se o seu cuidado é pequeno demais para ser entregue a Deus em oração, ele é também muito pequeno para ser objeto de preocupação.

Compreendendo a amplitude da oração

Você percebeu que Paulo mencionou quatro elementos ou quatro tipos de oração? Cada um é uma arma quando você encontra e suporta provações, dificuldades e sofrimento.

Oração — Levar toda e qualquer necessidade a Deus. Isto é tão simples quanto curvar a cabeça e falar com Deus. Paulo e os anciãos de Éfeso praticaram esse tipo de oração quando o apóstolo despediu-se deles para ir a Jerusalém. Depois de ensinar, "[...] ajoelhando-se, [Paulo] orou com todos eles" (At 20.36).

Súplicas — Apelar a Deus ou implorar a ele. Esse tipo de oração se concentra sobre as suas necessidades, incluindo mais detalhes. Uma lista de oração ajuda. A seguir leve tudo a Deus. Ana fez isto. Por ser estéril, ela orou especificamente por um filho homem (1Sm 1.10,11). Tratar do seu maior problema em oração logo pela manhã abrange a maioria de suas preocupações para o dia. E que dia ele vai tornar-se!

Ações de graças — Lembrar-se da bondade e da misericórdia de Deus. Expressar gratidão a Deus é um jeito alegre de lidar com as provações em sua vida e ao mesmo tempo cumprir o mandamento de Deus, "Em tudo dai graças" (1Ts 5.18). Ser grata protege o seu coração da amargura. Isso impede que você deixe de perdoar. Cultiva também a gentileza em seu caráter, desenvolvendo uma atitude de gratidão.

Se você for fiel em agradecer, não ficará se lamentando por não poder ser grata e queixosa ao mesmo tempo! Não será também resmungona ou briguenta. Não será azeda, amarga ou negativa. E há um prêmio! Você também não será causadora de problemas. Siga então o exemplo do salmista sobre como orar a Deus com ações de graças: "Bom é render graças ao Senhor e cantar louvores ao teu nome, ó Altíssimo, anunciar de manhã a tua misericórdia e, durante as noites, a tua fidelidade" (Sl 92.1,2).

Pedidos — Apresentar petições definidas e precisas ao Senhor quanto às suas necessidades. Você pode fazer pedidos a Deus com base no caráter e nas promessas dele. Observe como o rei Ezequias reconheceu o caráter e os atributos de Deus ao apresentar este pedido:

Ó Senhor, Deus de Israel, que estás entronizado acima dos querubins, tu somente és o Deus de todos os reinos da terra;

tu fizeste os céus e a terra. Inclina, ó SENHOR, o ouvido e ouve; abre, SENHOR os olhos e vê [...]. Agora, pois, ó SENHOR, nosso Deus, livra-nos das suas mãos [de Senaqueribe], para que todos os reinos da terra saibam que só tu és o SENHOR Deus (2Rs 19.15,16,19).

Como você pode então lidar com a preocupação? Como pode viver sem preocupações? Como enfrentar todas as provações da vida? Resposta: não se preocupe com nada. Em tudo, pela oração, súplicas, ações de graças e pedidos, louve a Deus e peça a ajuda dele, as suas respostas, sua sabedoria, sua força, sua graça, sua provisão... o seu tudo (Fp 4.6)!

Ocorrerá então um milagre! Uma vez que fizer as coisas à maneira de Deus — oração em lugar de preocupação — você receberá algo realmente grande. A paz dele irá guardar o seu coração e a sua mente em Cristo Jesus (v. 7). Apesar das suas provações, você terá a paz de Deus *em* suas dificuldades! A oração não é mesmo um recurso maravilhoso de Deus para enfrentar as provações e tribulações da vida?

Dando um passo à frente

Em todo este livro nos concentramos nas provações que certamente virão todos os dias. Tiago nos ensinou a ter "[...] por motivo de toda alegria o passardes por várias provações" (Tg 1.2). Tiago, todavia, também prescreveu a oração como solução final para enfrentar as provações. Ele aconselhou: "Se, porém, algum de vós necessita de sabedoria, peça-a a Deus, que a todos dá liberalmente e nada lhes impropera; e ser-lhe-á concedida" (v. 5).

Paulo também orou. Ele fez o que lhe era natural quando sofria o seu "espinho na carne" (2Co 12.7). "Três vezes pedi ao Senhor que o afastasse de mim" (v. 8).

Qual é então o seu passo seguinte no caminho de Deus em suas tribulações? É evidente, não é? Você deve orar!

- Quando você ora está produzindo a cura para toda a sua ansiedade.
- Quando você ora está reconhecendo a sua dependência do Deus todo-poderoso e dos recursos dele.
- Quando você ora está sendo obediente às ordens do Senhor.
- Quando você ora está pronta para experimentar a paz de Deus que excede todo entendimento.
- Quando você ora pode ter certeza de que está no caminho de Deus em sua provação!

Orar em suas provações e adversidades introduz mais fundo as suas raízes no solo fértil do amor e da provisão de Deus. Isto acontece porque a oração é o meio de pedir a Deus pela sua força para que possa suportar as tempestades trazidas inevitavelmente pela vida. As provações são penosas, exaustivas, pesadas e aborrecidas. Às vezes, você não está certa de que poderá continuar nelas. Mas é durante esses períodos escuros que a fé verdadeira brilha mais forte. Creia na promessa de Jesus de que ele jamais deixará ou abandonará você (Hb 13.5). Tome coragem, filha do Rei! E lembre-se de que como filha de Deus você...

…triunfa mais quando a tentação é maior,

…é mais gloriosa quando é mais afligida,

…é mais favorecida por Deus quanto menos tiver o favor dos homens,

…como os seus conflitos, também serão as suas conquistas,

…conforme as suas tribulações, também serão os seus triunfos.[2]

Notas

❦

Capítulo 1 — Aceitando a verdade
1. Albert M. Wells, Jr., comp. *Inspiring quotations — Contemporary & classical*. Nashville: Thomas Nelson Publishers, 1982, p. 209.

Capítulo 2 — Usando um método fácil de escolha
1. Elon Foster, *6000 Sermon Illustrations* (Grand Rapids, MI: Baker Book House, 1952/1992), p. 634.

Capítulo 3 — Avaliando o que está acontecendo
1. Charles F. Pfeiffer e Everett F. Hamson, *The Wycliffe Bible commentary* (Chicago: Moody Press, 1973), p. 875.

Capítulo 4 — Antevendo golpes, obstáculos e problemas sem solução
1. Elisabeth Kübler-Ross, M.D., propôs esses agora famosos estágios de sofrimento em seu livro *On death and dying* (Nova York, Simon & Schuster/Touchstone, 1969).
2. Tim Hansel, *You gotta keep dancing* (Colorado Springs: Chariot Victor Publishing, Cook Ministries, 1998), p. 54-55.

Capítulo 5 — Procurando bênçãos
1. Bruce B. Barton, David R. Veerman, e Neil Wilson, *Life application Bible commentary — James* (Wheaton, IL.: Tyndale House Publishers, Inc., 1992), p. 7.

300 ❧ Descobrindo o caminho de Deus nas provações

Capítulo 7 — Fortalecendo a sua resistência
1. William Barclay, *Letters of James and Peter,* rev. ed. (Filadélfia: Westminster Press, 1976), p. 43.
2. Bruce B. Barton, David R. Veerman e Neil Wilson, *Life application Bible commentary — James* (Wheaton, IL.: Tyndale House Publishers, Inc., 1992), p. 7.

Capítulo 8 — Acompanhando os gigantes da fé
1. Katherine Workman, citado em Wells, *Inspiring quotations — Contemporary & classical,* p. 69.

Capítulo 9 — A caminho da grandeza
1. *Our Daily Bread,* setembro 1, ano desconhecido.

Capítulo 10 — Tomando decisões que levam à grandeza
1. *Our Daily Bread,* setembro 1, ano desconhecido.

Capítulo 12 — Experimentando o poder e a perfeição de Deus
1. Kenneth S. Wuest, *Wuest word studies from the Greek New Testament,* vol. 3 (Grand Rapids, MI: Wm B. Eerdmans Publishing Co., 1973), p. 102.
2. Veja Mateus 27.45,51-53; 27.7; Efésios 1.7.
3. Ray Beeson e Ranelda Mack Hunsicker, *The hidden price of greatness* (Wheaton, IL.: Tyndale House Publishers Inc., 1991), p. 15-24.

Capítulo 13 — Encontrando forças na graça de Deus
1. D. L. Moody, *Notes from my Bible and thoughts from my library* (Grand Rapids, MI, Baker Book House; 1979, p. 28).

NOTAS ❧ 301

2. Adelaide A. Pollani (1852-1934), letra de hino, "Have Thyne Own Way, Lord", domínio público, 1907.
3. Bruce A. Barton, *Life application Bible commentary — 1 & 2 Corinthians* (Wheaton, IL.: Tyndale House Publishers, Inc. 1999), p. 451.
4. A. Naismithm, *A treasury of notes, quotes and anedoctes* (Grand Rapids, MI, Baker Book House, 1976), p. 98.

Capítulo 14 — Apoiando-se no poder de Deus

1. Veja Elisabeth George, *Uma mulher segundo o coração de Deus* e *A mom after God's own heart* (Eugene, OR: Harvest House Publishers, 1007/2006 e 2005, respectivamente).
2. Elon Foster, *6000 Sermon illustrations* (Grand Rapids, MI: Baker Book House, 1992), p. 658.
3. Charles Caldwell Ryrie, *The Ryrie study Bible* (Chicago: Moody Press, 1978), p. 1766.

Capítulo 16 — Tornando-se uma obra de arte

1. Warren B. Wiersbe, *Be encouraged* (Colorado Springs: Chariot Victor Publishing, 1984), p. 141.
2. Veja Elisabeth George, *Uma mulher segundo o coração de Deus* (Eugene, OR: Harvest House Publishers, 1997/2006).
3. Wiersbe, *Be encouraged*, p. 141.
4. Roy B. Zuck, *The speaker's quote Book* (Grand Rapids, MI: Kregel Publications, 1997), p. 169.
5. John W. Cowan, citando Thomas Cranmer em *People whose faith got them into trouble* (Downers Grove, IL: InterVarsity Press, 1990), p. 64.
6. Anne Johnson Flint (1886-1932), Hino, "He Giveth More

302 ❧ Descobrindo o caminho de Deus nas provações

Grace", Orchard Park, Nova York, na série "Casterline Card, n°. 5510, sem data.

Capítulo 17 — Suportando períodos difíceis

1. Lila Empson, *Checkklists for life — The ultimate handbook* (Nashville: Thomas Nelson Publishers, Inc., 2002), p. 103.
2. Tim Hansel cita Victor e Mildred Goentzel, *Cradles of eminence* (Nova York: Little, Brown & Co., 1962).
3. W. E. Vine, *An expository dictionary of New Testament words* (Old Tappan, NJ: Fleming H. Revell Co., 1966), p. 117.

Capítulo 18 — Não há nada de novo sob o sol

1. John MacArthur Jr., *The MacArthur New Testament commentary — 1Corinthians* (Chicago: Moody Press, 1984), p. 228.
2. Ibid., p. 228.

Capítulo 19 — Confiando na fidelidade de Deus

1. Leon Morris, *The Tyndale New Testament commentaries—The First Epistle of Paul to the Corinthians* (Grand Rapids, MI: Wm B. Eerdmans Publishing Company, 1976), p. 133.
2. John MacArthur Jr., *The MacArthur New Testament commentary—1Corinthians* (Chicago: Moody Press, 1984), p. 229.

Capítulo 20 — Triunfando sobre a tentação

1. H. D. M. Spence e Joseph S. Exell, *The pulpit commentary — Vol. 19, Corinthians* (Grand Rapids, MI: Wm. B. Eerdmans Publishing Co., 1978), p. 324.

Capítulo 21 — *Ganhando algo grandioso*

1. D. L. Moody, *Notes from my Bible and thoughts from my library* (Grand Rapids, MI: Baker Book House, 1979), p. 172.
2. Adaptado de Roy B. Zuck, *The speaker's quote book* (Grand Rapids, MI: Kregel Publications, 1997), p. 424.

Sua opinião é importante para nós. Por gentileza, envie seus comentários pelo e-mail editorial@hagnos.com.br

Visite nosso site: www.hagnos.com.br

Esta obra foi impressa na imprensa da Fé.
São Paulo, Brasil.
Outono de 2015